国家智库报告 2017（5）
National Think Tank

经　济

中国工业经济运行年度报告(2016-2017)

中国社会科学院工业经济研究所工业经济形势分析课题组　著

CHINA'S INDUSTRIAL ECONOMIC SITUATION AND PROSPECTS
IN 2016-2017

中国社会科学出版社

图书在版编目(CIP)数据

中国工业经济运行年度报告.2016—2017/中国社会科学院工业经济研究所工业经济形势分析课题组著.—北京:中国社会科学出版社,2017.2

(国家智库报告)

ISBN 978 - 7 - 5161 - 9845 - 2

Ⅰ.①中⋯　Ⅱ.①中⋯　Ⅲ.①工业经济—研究报告—中国—2016—2017
Ⅳ.①F42

中国版本图书馆 CIP 数据核字(2017)第 029400 号

出 版 人	赵剑英
责任编辑	王　茵
特约编辑	王　衡
责任校对	石春梅
责任印制	李寡寡

出　　　版	中国社会科学出版社
社　　　址	北京鼓楼西大街甲 158 号
邮　　　编	100720
网　　　址	http://www.csspw.cn
发 行 部	010 - 84083685
门 市 部	010 - 84029450
经　　　销	新华书店及其他书店

印刷装订	北京君升印刷有限公司
版　　　次	2017 年 2 月第 1 版
印　　　次	2017 年 2 月第 1 次印刷

开　　　本	787×1092　1/16
印　　　张	7
插　　　页	2
字　　　数	105 千字
定　　　价	29.00 元

课题主持人：黄群慧　张其仔

课题组成员：黄阳华　江飞涛　李芳芳
　　　　　　李　钢　梁泳梅　王秀丽
　　　　　　王燕梅　吴利学　袁惊柱
　　　　　　原　磊　张航燕　张艳芳

本报告执笔人：张航燕　王秀丽　李芳芳

摘要：2016 年，中国工业呈现出"缓中趋稳、有限复苏"的总体特征。工业行业结构继续呈现高端迈进态势，中部地区工业继续领跑，东北地区工业增长乏力，京津冀地区工业增速走势分化，工业投资增速回落，但投资结构优化，工业出口和 PPI 增速实现正增长，工业企业利润延续了增长态势。但是我国经济运行中仍存在不少突出矛盾和问题，主要表现为实体经济与虚拟经济、国有投资与民间投资、国内投资与国外投资失衡，此外回款难问题凸显。模型预测结果显示，2017 年规模以上工业增加值增速为 6% 的概率很大。当前形势下，要实质性推进供给侧结构性改革，提高工业生产要素质量和创新工业生产要素资源配置机制，推动工业增长方式从劳动力和物质要素总量投入驱动主导转向了知识和技能等创新要素驱动主导。处理好实体经济与虚拟经济的关系、振兴实体经济、遏制"脱实向虚"趋势是推进供给侧结构性改革的一项主要任务。

Abstract: In 2016, the general characteristic of Chinese industrial economy was "stabilization with a tendency of slowing down and a limited recovery". The industrial structure continued to show the high-grade trend, the central region was the pace setter and the northeast region's industrial growth was feeble, Beijing-Tianjin-Hebei regional industrial growth trend became divided inside, industrial investment growth rated down, but the investment structure optimization, the growth of industrial exports and PPI achieved positive, profits of industrial enterprises continued the growth trend.

However, there were still many outstanding contradictions and problems in China's economic operation, which showed serious deviation of the real economy and virtual economy, state-owned investment and private investment, domestic investment and foreign investment. In addition, there was an increase in accounts receivable. According to the results of model prediction, in 2017 the industrial added value growth rate above a designated scale would fell to 6%. Under the current situation, we must substantially push forward the structural reform of the supply-side, improve the quality of industrial production factors and innovate the resource allocation mechanism of industrial production factors, promote the industrial growth pattern from the total input of labor and material factors driven to knowledge and skills and other innovative elements driven dominance. Dealing with the relationship between real economy and virtual economy, revitalizing the real economy and curbing the trend of "getting rid of the real to the virtual" is a major task to push forward the structural reform of supply-side.

目　录

2016 年，中国工业呈现出"缓中趋稳、有限复苏"的总体特征。工业行业结构继续呈现高端迈进态势，中部地区工业继续领跑，东北地区工业增长乏力，京津冀地区工业增速走势分化，工业投资增速回落，但投资结构优化，工业出口和 PPI 增速实现正增长，工业企业利润延续了增长态势。但是中国经济运行中仍存在不少突出矛盾和问题，主要表现为实体经济与虚拟经济、国有投资与民间投资、国内投资与国外投资失衡，此外回款难问题凸显。模型预测结果显示，2017 年规模以上工业增加值增速为 6% 的概率很大。在当前形势下，要实质性推进供给侧结构性改革，提高工业生产要素质量和创新工业生产要素资源配置机制，推动工业增长方式从劳动力和物质要素总量投入驱动主导转向了知识和技能等创新要素驱动主导。处理好实体经济与虚拟经济的关系、振兴实体经济、遏制"脱实向虚"趋势是推进供给侧结构性改革的一项主要任务。

一　2016年工业经济运行分析

2016年，中国工业经济呈现趋稳高端迈进发展态势。制造业呈现平稳发展态势，东北地区增长乏力，工业出口和PPI增速实现正增长，工业企业利润延续了增长态势，工业投资增速回落但结构优化，但回款难问题凸显。

（一）工业总体分析

中国工业经济呈现趋稳高端迈进态势。2016年1—11月，规模以上工业企业增加值增速为6.0%，比2015年全年回落0.1个百分点，规模以上工业企业增加值累计增速从6月开始呈现"盘踞"态势，一直维持在6.0%的水平。从季度数据来看，第一季度增速为5.8%，第二季度增速为6.1%，第三季度增速为6.0%，第三季度比第一季度加快0.2个百分点，比第二季度回落0.1个百分点；从月度数据看，除1—2

月规模以上工业企业增加值月度增速由 5.4% 跳跃至 3 月的 6.8% 外, 4—11 月 8 个月的规模以上工业企业增加值增速维持在 6.0%—6.3%, 表明工业增加值同比增速趋于稳定。工业继续向中高端迈进。9—11 月, 高技术制造业增加值同比分别增长 9.6%、10.5% 和 10.6%, 高于同期规模以上工业增加值同比增速 3.6、4.4 和 4.4 个百分点。11 月, 装备制造业增加值同比增长 10.5%, 增速比规模以上工业快 4.3 个百分点。

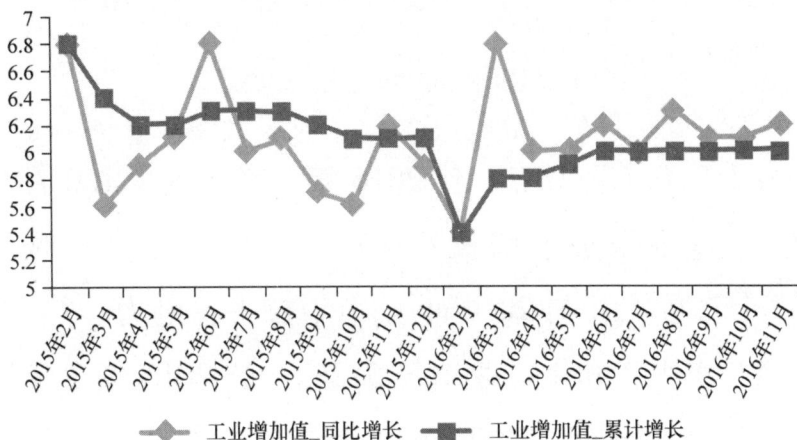

图 1　2015 年以来规模以上工业增加值月度和累计增速（单位%）

数据来源: 国家统计局网站。

分三大门类看, 制造业工业增加值走势相对平稳, 采矿业与电力、热力、燃气及水生产和供应业工业增加值增速呈现"背反"走势（见图 2）。2016 年 1—11 月, 采矿业增加值同比下降 0.9%, 比 2015 年全

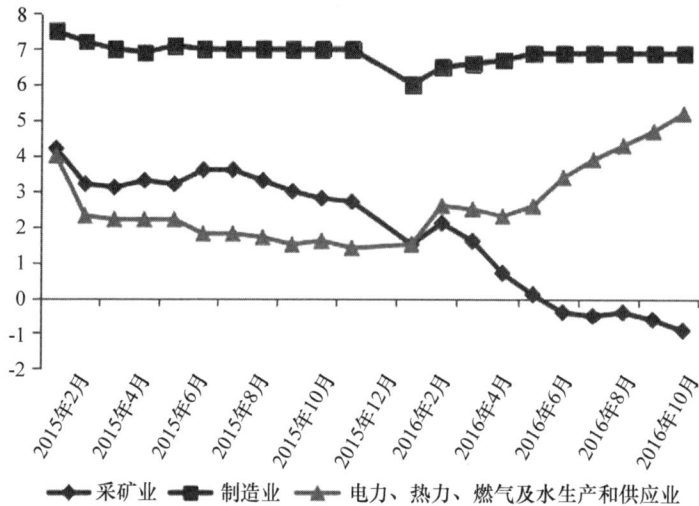

图2 2015 年以来三大门类规模以上工业增加值累计增速（单位:%)

数据来源：国家统计局网站。

年减少 3.6 个百分点，比 2016 年上半年减少 1.0 百分点；制造业增加值增长 6.9%，比 2015 年全年减少 0.1 个百分点，与 2016 年上半年持平；电力、热力、燃气及水生产和供应业增长 5.2%，比 2015 年全年增加 3.8 个百分点，比 2016 年上半年加快 2.6 个百分点。分月看，制造业工业增加值增速相对平缓，采矿业与电力、热力、燃气及水生产和供应业工业增加值增速呈现锯齿形，波动较大。2016 年 7 月和 11 月，采矿业增加值同比分别下降 3.1% 和 2.9%，而 9 月则表现为同比增长 0.1%；1—2 月和 4 月电力、热力、燃气及水生产和供应业增加值同比分别增长 1.5% 和 1.9%，而 7 月和 11 月增加值同比增长 7.4% 和

9.9%，最高点与最低点相差 8.4 个百分点；2016 年
1—11 月，除 1—2 月制造业增加值同比增长 6.0% 以
外，其他月份制造业增长维持在 6.5%—7.2%。

分地区看，中部地区工业领跑，东北地区工业增
长乏力且内部分化发展。2016 年 11 月，东部地区增
加值同比增长 6.0%，增速比 2015 年全年下滑 0.4 个
百分点，比 2016 年上半年下滑 0.7 个百分点；中部地
区增加值同比增长 7.4%，增速比 2015 年全年减少 0.1
个百分点，比 2016 年上半年下滑 0.3 个百分点；西部
地区增长 7.3%，增速比 2015 年全年回落 1.1 个百分
点，与 2016 年上半年持平。东北地区工业增加值同比
下降 3.0%，除了 2016 年 5 月同比增长 0.2% 外，其余
月份均为负增长，表明东部地区工业复苏乏力，并且
东北地区内部工业分化发展。吉林省工业增加值同比
均为正增长，并且 2016 年下半年以来工业增加值增速
保持平稳，没有出现大的波动。辽宁省工业处于负增
长态势，且波动较大；5—10 月，辽宁省工业增加值同
比增速呈现不断下滑的态势，由 5 月的 -7.1% 降至 10
月的 -23.4%。11 月，辽宁省工业增加值同比增速降
幅有较大回升收窄至 -17.3%。黑龙江省工业走势呈现
"雁形"走势，上半年逐月回升至年内高点 5.0% 并且
超过吉林，下半年则呈现下降的态势，10—11 月，黑
龙江省工业增加值同比分别增长 0.4% 和 0.5%。

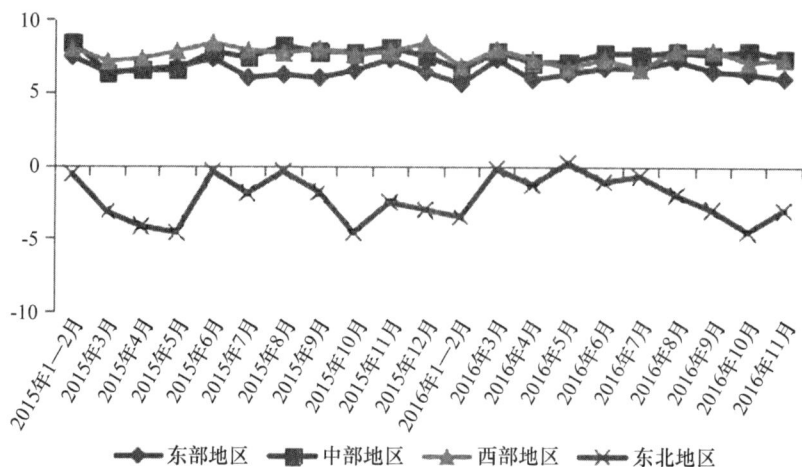

图3 2015 年以来地区工业增加值同比增速（单位:%）

数据来源：国家统计局网站。

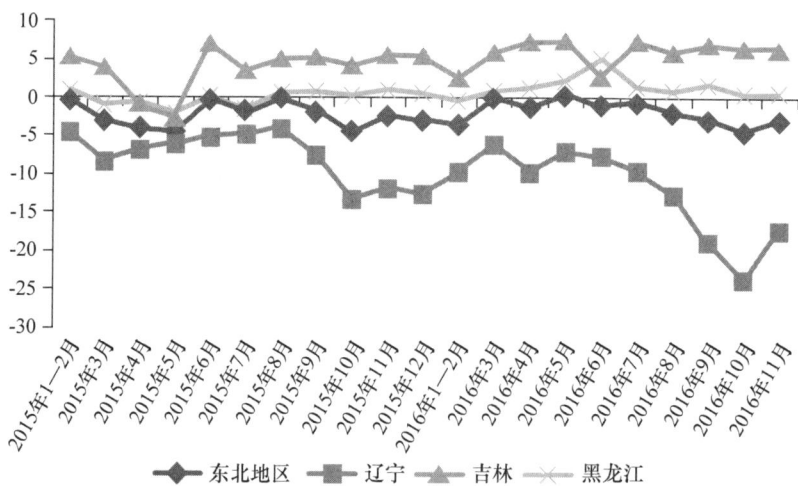

图4 2015 年以来东北三省工业增加值同比增速（单位:%）

数据来源：国家统计局网站。

京津冀地区工业增速走势分化，北京工业增加值增速呈现单边上扬态势，天津工业增加值增速呈现走低态势，河北工业增加值增速呈现前高后低的走势（见图5）。北京工业增加值累计增速自2016年2月以来持续上升，由2月累计增长 −2.5%上升至11月的4.7%；天津工业增加值累计增速由年初的9.2%逐步降至11月的8.3%；河北工业增加值增速由年初的4.2%逐步上升至9月的5.6%，11月略降至5.2%。2016年1—11月，北京、天津和河北工业增加值增速比2015年全年分别加快3.7、 −1.0和0.8个百分点，比2016年上半年分别加快3.0、 −0.6和0.1个百分点。

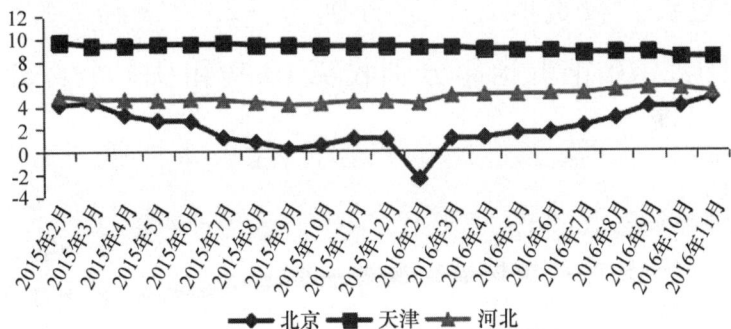

图5　2015年以来京津冀工业增加值累计增速（单位:%）

数据来源：国家统计局网站。

工业投资增速回落，但投资结构优化。2016年1—11月，工业投资206361亿元，同比增长3.4%，增速比2015年全年和2016年上半年分别减少4.3和0.8个百分点。其中，采矿业投资9199亿元，同比下降20.2%，降幅比2015年全年和2016年上半年分别扩大 11.4 和 0.5 个百分点；制造业投资 170152 亿元，同比增长 3.6%，增速比 2015 年全年和 2016 年上半年分别扩大 -4.5 和 0.3 个百分点；电力、热力、燃气及水生产和供应业投资 27009 亿元，同比增长 13.2%，增速比 2015 年全年和 2016 年上半年分别减少 3.4 和 9.3 个百分点。1—11 月，高技术产业投资同比增长 15.9%，增速快于工业投资 12.5 个百分点。受原油、水泥、钢材、有色金属等价格回升的影响，1—11 月，高耗能制造业投资降幅呈现收窄态势。1—11 月，煤炭开采和洗选业、有色金属冶炼和压延加工业固定资产投资同比增速分别为 -23.2% 和 -5.6%，降幅比 2016 年上半年分别收窄 10.9 和 0.1 个百分点。

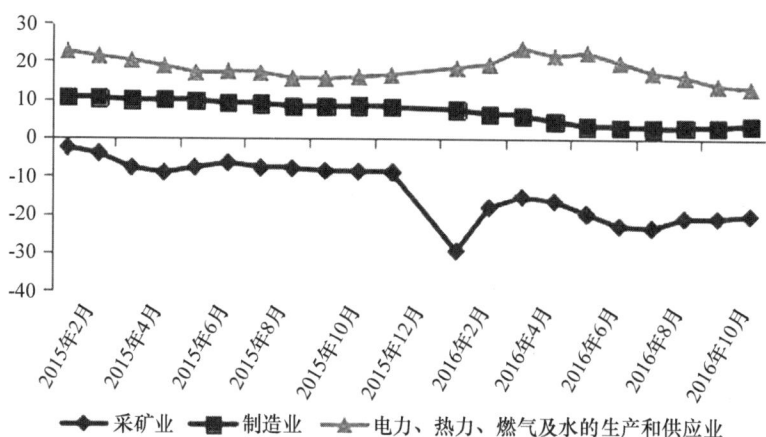

图 6　2015 年以来三大门类固定资产投资累计增速（单位:%）

数据来源：国家统计局网站。

工业出口增速实现正增长。2016 年 1—11 月，规模以上工业企业实现出口交货值107489亿元，同比增长0.1%，增速比2015年全年加快1.9个百分点，比2016年上半年加快0.8个百分点。2016年3月以来，规模以上工业出口交货值同比增速呈现上升态势，增速由1—2月的-4.8%上升至11月的0.1%。

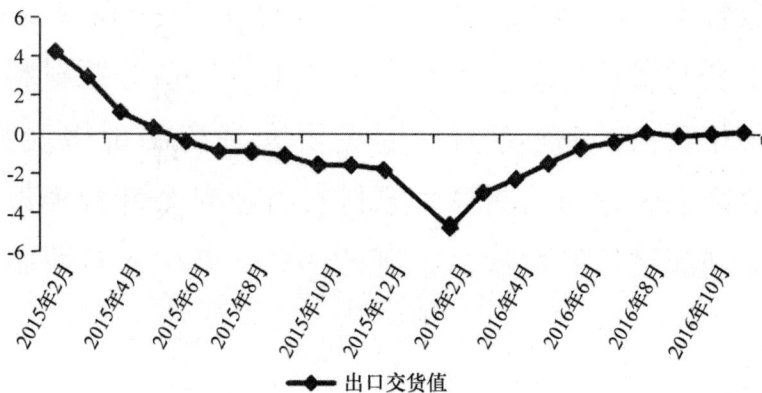

图7　2015年以来工业出口交货值累计增速（单位:%）

数据来源：国家统计局网站。

工业企业利润延续了增长态势，煤炭、钢铁、有色等主要原材料行业利润呈现较快增长。2016年1—11月，全国规模以上工业企业实现利润总额60334.1亿元，同比增长9.4%，增速比2015年全年和2016年上半年分别加快11.7和3.2个百分点。其中，采矿业实现利润总额1549.8亿元，同比下降36.2%，降幅比2015年全年和2016年上半年分别收窄22和47.4个百分点；制造业实现利润总额54306.8亿元，同比增长 13.7%，增速比 2015 年全年和 2016 年上半年分别加快 10.9 和 1.6 个百分点；电力、热力、燃气及水生产和供应业实现利润总额 4477.5 亿元，同比下降 10.1%，降幅比 2015 年全年和 2016 年上半年分别扩大 23.6 和 7.8 个百分点。2016 年以来，工业企业利润持续保持增长态势的原因有以下两方面：一是上年基数较低。2015 年全年，工业利润同比下降 2.3%。二是利润增长过多依赖于石油加工、钢铁等原材料行业价格反弹。1—11 月，因主要大宗商品价格反弹，按照国家统计局的测算，原材料行业对全部规模以上工业利润增长的贡献率达到 67.9%，其中，石油加工

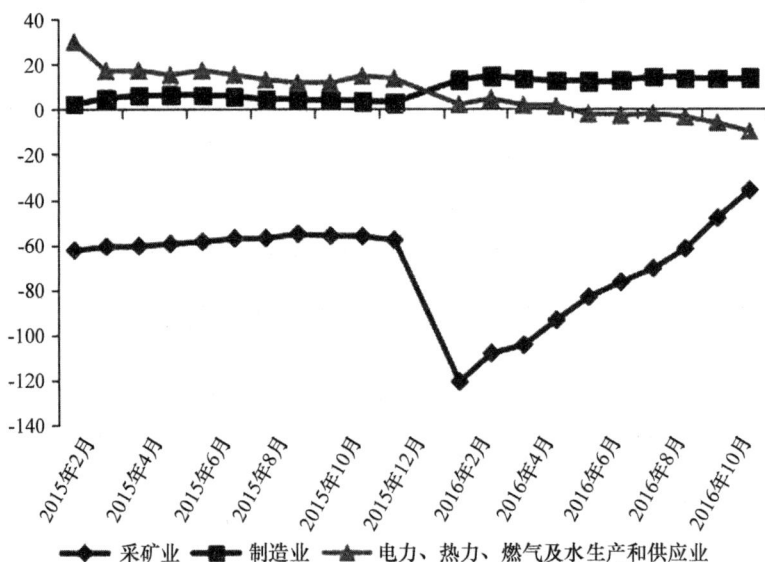

图 8 2015 年以来三大门类利润累计增速（单位:%）

数据来源：国家统计局网站。

炼焦和核燃料加工业贡献 21.6%，黑色金属冶炼和压延加工业贡献 19.9%。1—11 月，煤炭开采和洗选业，石油加工、炼焦和核燃料加工业，黑色金属冶炼和压延加工业利润同比分别增长 1.6 倍、2.2 倍和 2.7 倍。

工业品出厂价格指数由负转正。 2016 年 11 月工业品出厂价格同比增长 3.3%，涨幅比上月扩大 2.1 个百分点，创 2011 年 10 月以来的最高值，已连续 3 个月正增长。PPI 上升的主要原因是生产资料价格过快上涨，11 月生产资料价格同比上涨 4.3%，影响全国工业生产者出厂价格总水平上涨约 3.2 个百分点。而生产资料价格上涨的主要推动因素是采掘工业价格过快上涨（14.8%）。

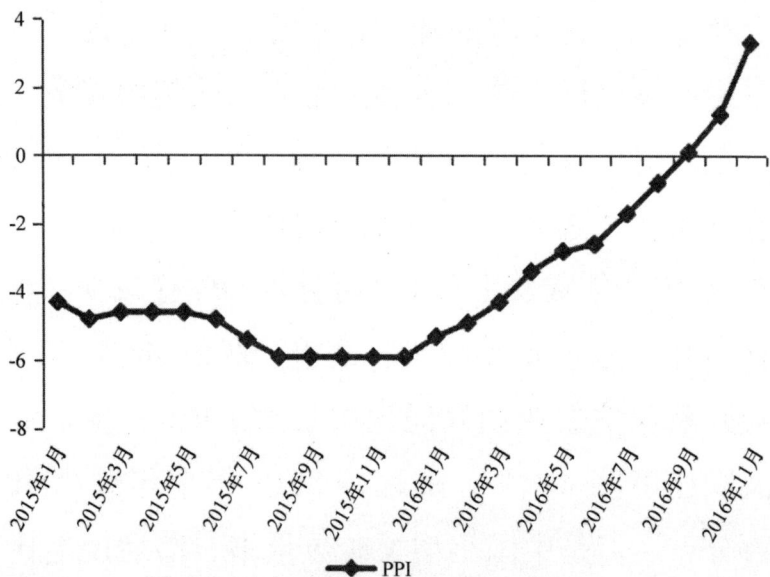

图 9　2015 年以来 PPI 同比增速（单位:%）

数据来源：国家统计局网站。

（二）行业运行分析

本报告行业划分参照工业与信息化部的划分标准，将工业行业分为四大类：原材料工业、装备工业、消费品工业和通信电子信息及软件业。本报告主要关注原材料、装备工业和消费品工业。其中，原材料行业包括能源、化工、钢铁、有色和建材；装备工业包括机械、汽车和民用船舶；消费品工业包括轻工、纺织、食品、医药。

1. 原材料工业

煤炭行业结构性调整成效显现。2016年在去产能政策的推动下，煤炭供给迅速收缩，特别是下半年以来，叠加季节性需求的释放，下游电厂补库需求以及贸易商的投机行为进一步刺激了需求的集中释放、供需错配，造成煤价持续快速上涨。2016年1—11月，煤炭开采和洗选业工业增加值同比下降1.4%，增速比2015年全年减少了3.3个百分点。库存减少、煤炭价格回升助力企业经营状况改善。2016年1—11月，煤炭开采和洗选业利润同比增长124.0%，主营业务收入同比下降4.0%，降幅较2015年全年收窄10.8个百分点。但是中国小型煤矿数量多、落后产能比重大与大型现代化煤矿数量少、先进产能比重小的矛盾仍十分突出，供大于求格局仍未改观。

随着市场需求的缩减和能源供需结构的变化，石油和天然气开采业持续深度调整。2016 年 1—11 月，石油和天然气开采业工业增加值同比下降 0.2%，增速较 2015 年全年和 2016 年上半年分别减少 4.4 和 1.8 个百分点。2016 年 1—11 月，石油和天然气开采业利润同比分别下降 141.0%，降幅虽比 2016 年上半年收窄 20.7 个百分点，但比 2015 年全年降幅扩大了 66.5 个百分点，石油和天然气开采业效益状况不容乐观。2016 年 1—11 月，石油和天然气开采业出口仍处于负增长态势。

2016 年 1—11 月，电力、热力、燃气及水生产和供应业工业增加值同比增长 4.5%，较 2016 年上半年和 2015 年全年分别加快 2.9 和 4.0 个百分点。电力、热力、燃气及水生产和供应业主营业务收入与利润同比增速呈现"背反"态势。主要受下游需求增加影响，2016 年 1—11 月，电力、热力、燃气及水生产和供应业主营业务收入同比增长 1.0%，增速较 2016 年上半年和 2015 年全年分别加快 2.3 和 1.3 个百分点。但是受主要燃料价格上涨及电价调整政策等因素叠加影响，电力、热力、燃气及水生产和供应业利润同比增速自 2016 年 4 月以来持续出现负增长的态势，并且降幅呈现加大的趋势。2016 年 1—11 月，电力、热力、燃气及水生产和供应业利润同比下降 12.4%，降幅较 2016 年上半年增加 8.7 个百分点。

表 1　煤炭开采和洗选业、石油和天然气开采业主要指标累计增速　单位:%

	煤炭开采和洗选业				石油和天然气开采业			
	收入	利润	出口交货值	工业增加值	收入	利润	出口交货值	工业增加值
2015 年 2 月	-8.3	-62.6	-58.3	3.6	-34.0	-74.9	-3.9	2.5
2015 年 3 月	-10.8	-61.9	-70.0	0.9	-34.3	-71.7	-10.3	4.7
2015 年 4 月	-13.0	-61.6	-61.2	0.9	-34.0	-71.7	-10.5	5.3
2015 年 5 月	-13.6	-66.8	-49.9	0.9	-33.2	-69.5	-15.9	5.7
2015 年 6 月	-13.0	-67.0	-48.8	0.6	-32.4	-68.4	-21.1	5.7
2015 年 7 月	-13.2	-66.0	-50.8	1.7	-31.8	-66.6	-22.3	5.4
2015 年 8 月	-13.9	-64.9	-21.3	2.0	-31.8	-67.3	-27.5	5.1
2015 年 9 月	-14.4	-64.4	-3.4	1.9	-32.2	-66.1	-30.2	4.7
2015 年 10 月	-14.6	-62.1	-30.8	1.8	-32.5	-68.6	-27.8	4.3
2015 年 11 月	-14.6	-61.2	-53.7	1.9	-32.7	-70.4	-32.7	4.0
2015 年 12 月	-14.8	-65.0	-46.1	1.9	-32.6	-74.5	-34.9	4.2
2016 年 2 月	-17.1	-111.1	6.3	-1.3	-31.8	-234.1	-60.5	5.0
2016 年 3 月	-15.8	-92.6	-20.0	-0.1	-30.9	-202.0	-52.3	5.1
2016 年 4 月	-14.8	-92.2	-26.2	-0.5	-29.0	-196.0	-71.4	3.7
2016 年 5 月	-13.5	-73.4	25.5	-1.4	-27.2	-175.8	-68.1	2.6
2016 年 6 月	-13.0	-38.5	7.7	-1.9	-26.5	-161.7	-63.3	1.6
2016 年 7 月	-11.9	-19.0	3.0	-2.3	-25.8	-149.9	-61.8	0.5
2016 年 8 月	-10.2	15.0	39.3	-1.8	-24.9	-145.8	-57.1	-0.1
2016 年 9 月	-8.2	65.1	-15.6	-1.3	-23.4	-144.0	-52.3	0.1
2016 年 10 月	-6.5	112.9	29.4	-1.2	-21.9	-141.6	-49.6	-0.2
2016 年 11 月	-4.0	156.9	124.0	-1.4	-20.0	-141.0	-46.5	-0.2

数据来源:国家统计局网站。

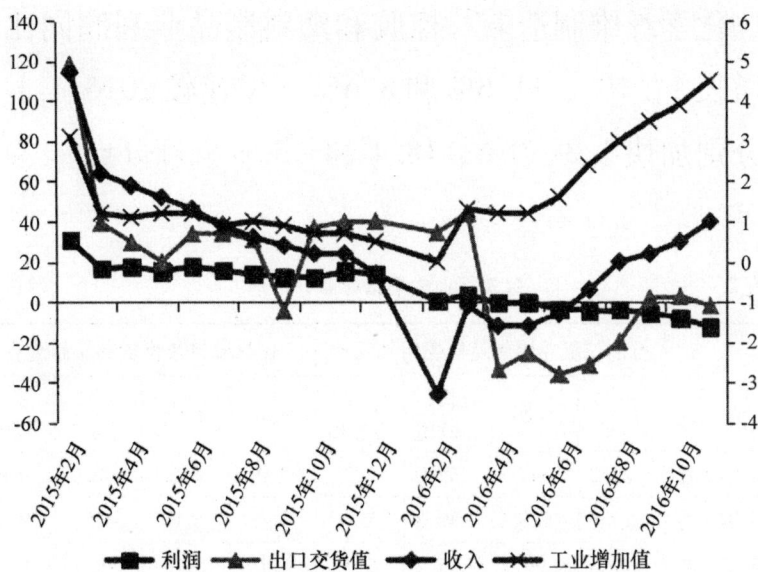

图10 电力、热力、燃气及水生产和供应业主要指标累计增速（单位:%）

数据来源：国家统计局网站。

化工行业增长呈现回落态势。2016 年 1—11 月，石油加工、炼焦及核燃料加工业，化学原料及化学制品制造业，化学纤维制造业以及橡胶和塑料制品业工业增加值同比分别增长 7.2%、8.2%、6.3% 和 7.8%，增速比 2016 年第一季度分别减少 1.7、1.2、2.7 和 0.7 个百分点，较 2015 年全年增速分别减少 0.2、1.3、4.9 和 0.1 个百分点。

从 2016 年下半年开始，化工产品价格呈现全面上涨之势。这一轮涨价也直接推动了行业盈利能力的改善。1—11 月，石油加工、炼焦及核燃料加工业行业利润大幅增长 2.2 倍；化学原料及化学制品制造业、化学纤维制造业、橡胶和塑料制品业利润同比分别增长 14.4%、11.6% 和 8.6%，增速较 2016 年上半年分别加快 1.3、0.6、18.1 和 −3.4 个百分点。

表2　　　　　　　　　　化工行业主要指标累计增速　　　　　　单位:%

	石油加工、炼焦及核燃料加工业				化学原料及化学制品制造业			
	收入	利润	出口交货值	工业增加值	收入	利润	出口交货值	工业增加值
2015 年 2 月	−22.2	−345.3	−42.0	3.5	2.9	1.2	−1.6	9.4
2015 年 3 月	−19.7	−239.9	−39.3	5.4	2.7	6.0	0.5	9.5
2015 年 4 月	−17.8	−99.9	−35.2	6.8	3.1	10.5	−0.7	9.8
2015 年 5 月	−16.5	67.0	−29.6	7.6	3.0	12.6	−1.9	9.6
2015 年 6 月	−16.3	78.7	−25.1	7.8	3.2	13.0	−3.6	9.6
2015 年 7 月	−16.1	81.5	−26.8	7.8	3.2	13.5	−2.9	9.5
2015 年 8 月	−16.6	50.5	−25.0	7.8	3.7	12.2	−3.6	9.6
2015 年 9 月	−17.2	53.5	−21.3	7.6	3.3	10.1	−4.2	9.6
2015 年 10 月	−17.3	76.1	−17.0	7.5	2.8	8.6	−4.8	9.6
2015 年 11 月	−16.8	138.8	−14.8	7.6	2.6	8.3	−4.4	9.5
2015 年 12 月	−16.3	966.8	−10.3	7.4	2.3	7.7	−4.2	9.5
2016 年 2 月	−4.6	−185.7	33.1	11.2	2.5	16.2	−0.5	8.6
2016 年 3 月	−4.5	上年亏损	27.7	10.5	3.8	20.8	−1.1	8.8
2016 年 4 月	−6.7	8204.8	18.9	10.1	3.6	18.3	−1.5	9.1
2016 年 5 月	−7.6	303.9	15.0	9.2	4.2	14.7	3.4	9.5
2016 年 6 月	−7.1	214.2	13.3	8.9	4.2	13.8	3.9	9.4
2016 年 7 月	−7.1	197.2	16.0	8.2	4.3	13.2	4.3	9.3
2016 年 8 月	−6.1	242.1	11.1	7.8	3.9	14.0	3.5	8.9
2016 年 9 月	−4.9	263.8	5.3	7.7	4.2	13.1	4.3	8.7
2016 年 10 月	−3.6	227.4	3.4	7.6	4.6	13.9	4.6	8.5
2016 年 11 月	−2.4	215.5	6.3	7.2	5.3	14.4	4.0	8.2

续表

	化学纤维制造业				橡胶和塑料制品业			
	收入	利润	出口交货值	工业增加值	收入	利润	出口交货值	工业增加值
2015 年 2 月	2.4	31.8	-10.7	9.5	6.9	6.4	-0.9	8.7
2015 年 3 月	1.3	44.6	-11.3	10.1	5.0	3.5	-4.1	8.3
2015 年 4 月	2.1	54.4	-10.4	11.1	4.4	4.6	-4.3	8.0
2015 年 5 月	3.1	56.7	-10.2	11.9	4.5	4.3	-5.6	8.1
2015 年 6 月	2.8	50.6	-8.9	12.0	5.3	5.1	-5.7	8.3
2015 年 7 月	2.7	42.3	-8.1	11.4	5.2	6.0	-5.5	8.6
2015 年 8 月	1.7	39.3	-8.0	11.0	5.7	6.3	-5.7	8.8
2015 年 9 月	1.2	35.1	-8.7	11.1	5.5	6.8	-5.9	8.8
2015 年 10 月	0.7	30.4	-8.7	11.1	4.9	6.5	-6.3	8.6
2015 年 11 月	1.0	24.1	-9.1	11.2	4.5	5.4	-6.2	8.2
2015 年 12 月	1.2	15.2	-8.8	11.2	4.1	4.6	-6.2	7.9
2016 年 2 月	-2.6	-4.0	7.6	5.4	4.1	11.0	1.9	9.0
2016 年 3 月	0.5	1.8	7.9	6.5	5.9	13.6	4.3	8.7
2016 年 4 月	0.5	-5.0	6.8	7.2	5.0	12.8	2.4	8.4
2016 年 5 月	1.0	-7.5	8.6	8.1	5.2	12.4	3.2	8.3
2016 年 6 月	1.8	-6.5	8.9	9.0	5.0	12.0	3.1	8.2
2016 年 7 月	2.3	-2.8	8.5	9.6	4.9	11.8	2.4	8.1
2016 年 8 月	2.4	5.0	8.6	8.9	5.2	11.7	2.4	8.1
2016 年 9 月	2.1	4.1	7.3	7.8	4.7	10.2	2.6	8.0
2016 年 10 月	2.6	7.8	7.9	7.2	4.7	9.2	2.3	7.8
2016 年 11 月	2.8	11.6	8.2	6.3	5.1	8.6	2.0	7.8

数据来源：国家统计局网站。

钢铁行业增加值回落下探。2016 年 1—11 月，黑色金属矿采选业和黑色金属冶炼及压延加工业工业增加值同比分别下降 2.2% 和 0.5%，较 2016 年上半年分别下降 4.0 和 2.0 个百分点，较 2015 年全年增速分别下降 4.7 和 5.9 个百分点。

钢铁行业效益改善但分化严重。2016 年 1—11 月，黑色金属矿采选业收入和利润同步分别下降 8.9% 和 10.0%，降幅比 2016 年上半年分别收窄 0.8 和 3.1 个百分点，比 2015 年全年分别收窄 11.8 和 33.9 个百分点。1—11 月，黑色金属冶炼及压延加工业收入同比下降 1.9%，降幅比 2016 年上半和 2015 年全年分别收窄 4.6 和 11.1 个百分点；黑色金属冶炼及压延加工业利润同比增长 2.7 倍，而利润增速已在 2016 年 4 月实现正增长。在钢铁行业整体产能过剩和固定资产投资放缓的背景下，钢铁价格强势反弹是钢铁行业业绩大幅改善的主要原因。截至 2016 年 12 月 12 日的价格显示，唐山及周边主流钢厂普碳方坯含税出厂价格为 3110 元/吨，这一价格比 2016 年 2 月 14 日钢坯的价格上涨了 1.1 倍。黑色金属冶炼及压延加工业出口延续上年下滑态势，但降幅呈现收窄态势。1—11 月，黑色金属冶炼及压延加工业出口交货值累计增速同比下降 11.1%，较 2016 年上半年和 2015 年全年分别收窄 4.5 和 4.0 个百分点。

表 3　　　　　　　　　　钢铁行业主要指标累计增速　　　　　　　　单位:%

	黑色金属矿采选业				黑色金属冶炼及压延加工业			
	收入	利润	出口交货值	工业增加值	收入	利润	出口交货值	工业增加值
2015 年 2 月	-17.5	-43.5	-100.0	10.4	-10.4	-10.8	14.3	3.5
2015 年 3 月	-20.2	-49.3		7.5	-9.7	2.2	6.3	4.2
2015 年 4 月	-20.9	-49.6		6.4	-9.8	-2.7	-0.9	4.7
2015 年 5 月	-20.3	-46.7		6.5	-10.2	-11.5	-5.0	4.9
2015 年 6 月	-20.2	-47.5		6.0	-10.4	-22.5	-8.6	5.2
2015 年 7 月	-19.6	-45.5		6.2	-11.0	-38.0	-15.9	5.0
2015 年 8 月	-19.2	-44.4		6.0	-11.7	-51.6	-11.8	5.1
2015 年 9 月	-19.4	-42.3		5.4	-12.2	-60.5	-12.1	5.2
2015 年 10 月	-19.8	-43.2		4.5	-12.6	-68.3	-13.7	5.2
2015 年 11 月	-20.1	-42.4		3.5	-12.5	-68.0	-15.5	5.4
2015 年 12 月	-20.7	-43.9		2.5	-13.0	-67.9	-15.1	5.4
2016 年 2 月	-18.5	-18.5		0.3	-13.2	-72.9	-25.8	4.0
2016 年 3 月	-14.7	-14.4	-90.0	2.2	-10.7	-15.8	-23.8	3.7
2016 年 4 月	-12.6	-9.4	-94.1	2.4	-9.4	41.9	-19.5	2.5
2016 年 5 月	-9.9	-10.0	-94.4	1.8	-7.5	74.8	-18.6	1.5
2016 年 6 月	-9.7	-13.1	-95.0	1.2	-6.5	83.6	-15.6	1.6
2016 年 7 月	-9.5	-14.5	-90.9	0.7	-5.5	131.5	-14.7	1.6
2016 年 8 月	-9.9	-18.0	-91.7	-0.2	-4.8	209.6	-11.0	1.2
2016 年 9 月	-10.4	-20.0	-73.1	-1.1	-4.1	272.4	-12.3	0.7
2016 年 10 月	-9.8	-13.9	-75.0	-1.9	-3.1	310.2	-11.7	0.3
2016 年 11 月	-8.9	10.0	-90.0	-2.2	-1.9	274.7	-11.1	-0.5

数据来源:国家统计局网站。

　　有色金属行业增加值增速持续走低。2016 年 1—
11 月,有色金属矿采选业和有色金属冶炼及压延加工
业工业增加值同比分别增长 3.3% 和 6.9%,增速较
2016 年上半年分别减少 2.0 和 3.1 个百分点,较 2015

年全年分别减少 1.0 和 4.4 个百分点。

受主要有色金属产品价格的大幅提升，有色金属行业效益有所改善。2016 年 1—11 月，有色金属矿采选业和有色金属冶炼及压延加工业收入同比分别增长 5.1% 和 4.1%，增速比 2016 年上半年分别加快 2.3 和 1.5 个百分点，比 2015 年全年分别增加 7.6 和 3.8 个百分点。有色金属矿采选业和有色金属冶炼及压延加工业利润增速分别在 4 月和 7 月实现由负转正，2016 年 1—11 月份，有色金属矿采选业和有色金属冶炼及压延加工业利润同比分别增长 7.6% 和 37.4%。有色金属冶炼及压延加工业出口仍处于负增长，但降幅收窄。2016 年 1—11 月，有色金属冶炼及压延加工业出口交货值同比下降 3.0%，降幅较 2015 年全年和 2016 年上半年分别收窄 8.0 和 7.8 个百分点。而有色金属矿采选业出口增速同比下降 28.0%，降幅较 2015 年全年扩大 5.0 个百分点。

表4　　　　　　　有色金属行业主要指标累计增速　　　　　单位:%

	有色金属矿采选业				有色金属冶炼及压延加工业			
	收入	利润	出口交货值	工业增加值	收入	利润	出口交货值	工业增加值
2015 年 2 月	2.2	-16.3	-32.5	4.7	1.2	12.6	-0.2	12.7
2015 年 3 月	-1.0	-22.9	-16.7	2.2	1.6	28.2	-1.1	11.5
2015 年 4 月	-1.2	-21.8	-16.7	1.8	1.9	32.4	-0.3	10.6
2015 年 5 月	-1.8	-19.9	-12.6	2.2	2.8	28.2	-4.9	10.2
2015 年 6 月	-0.9	-17.4	17.2	2.8	2.5	18.1	-3.8	10.5

续表

	有色金属矿采选业				有色金属冶炼及压延加工业			
	收入	利润	出口交货值	工业增加值	收入	利润	出口交货值	工业增加值
2015 年 7 月	-0.7	-20.1	-17.5	3.3	2.4	11.3	-7.0	10.9
2015 年 8 月	-0.2	-19.9	-8.2	3.9	2.5	3.6	-8.8	11.0
2015 年 9 月	0.2	-20.3	-6.0	4.1	2.6	-1.9	-10.1	11.1
2015 年 10 月	-0.7	-19.7	1.8	4.1	2.1	-4.8	-13.7	11.2
2015 年 11 月	-1.6	-19.8	-6.4	4.0	1.1	-6.9	-12.8	11.3
2015 年 12 月	-2.5	-19.3	-23.0	4.3	0.7	-11.0	-10.8	11.3
2016 年 2 月	-0.5	-11.4	250.0	8.3	-0.9	-12.9	-27.1	10.2
2016 年 3 月	1.4	-6.7	55.6	7.6	2.2	-4.3	-18.2	9.7
2016 年 4 月	2.3	-8.1	-11.1	6.7	2.6	6.6	-12.7	10.1
2016 年 5 月	3.2	-4.9	58.3	5.9	2.5	13.4	-10.0	10.3
2016 年 6 月	2.8	-2.5	4.7	5.3	3.0	16.8	-11.0	10.0
2016 年 7 月	5.1	2.6	17.5	4.9	2.9	23.2	-4.8	9.4
2016 年 8 月	5.3	3.8	21.5	4.5	3.3	31.1	-2.2	8.6
2016 年 9 月	5.0	5.2	14.6	4.2	3.4	33.2	-1.3	8.1
2016 年 10 月	4.9	6.2	-23.1	3.7	3.8	35.9	-3.3	7.6
2016 年 11 月	5.1	7.6	-28.0	3.3	4.5	37.4	-3.0	6.9

数据来源：国家统计局网站。

建材行业低位运行。2016 年上半年，受房地产行业回温带动，建材行业呈小幅上行趋势。但是随着全国投资增速的再次回落，使建材投资驱动类产品增长速度再次回落，陷入低增长通道。2016 年 1—11 月，非金属矿采选业和非金属矿物制品业工业增加值同比分别增长 4.3% 和 6.7%，较 2016 年上半年分别减少 1.1 和 1.0 个百分点。

建材行业效益同样出现分化。非金属矿采选业收入和利润增速呈现走低态势；2016 年 1—11 月，

非金属矿采选业收入和利润同比分别增长 1.8% 和
-4.1%，增速较 2016 年上半年分别减少 3.6 和 8.9
个百分点，比 2015 年全年分别减少 1.9 和 9.0 个百
分点。非金属矿物制品业收入和利润增速呈现走高
态势；2016 年 1—11 月，非金属矿物制品业收入和
利润同比分别增长 5.1% 和 11.3%，比 2016 年上半
年分别增加 0.5 和 5.5 个百分点，比 2015 年全年分
别增加 2.3 和 20.3 个百分点。2016 年 1—11 月，非
金属矿物制品业出口延续去年下降的态势，非金属
矿采选业出口交货值实现 31.5% 增长水平。

表5　　非金属矿采选业和非金属矿物制品业主要指标累计增速　　单位:%

	非金属矿采选业				非金属矿物制品业			
	收入	利润	出口交货值	工业增加值	收入	利润	出口交货值	工业增加值
2015 年 2 月	7.8	7.3	5.6	9.2	9.5	3.1	-2.3	10.4
2015 年 3 月	6.1	4.6	-19.1	8.2	5.8	0.1	-2.9	7.6
2015 年 4 月	4.8	4.0	-44.0	8.0	4.3	-4.4	-4.5	6.6
2015 年 5 月	4.6	4.4	-39.8	7.5	3.6	-6.4	-4.4	6.3
2015 年 6 月	4.8	4.6	-40.2	7.4	3.7	-6.7	-4.7	6.4
2015 年 7 月	4.7	5.0	-31.6	7.5	3.6	-7.7	-4.2	6.4
2015 年 8 月	5.1	5.0	-30.7	7.7	3.7	-8.0	-3.3	6.6
2015 年 9 月	5.3	5.8	-39.9	7.6	3.7	-8.1	-3.2	6.8
2015 年 10 月	5.0	6.1	-38.8	7.3	3.2	-8.2	-4.8	6.6
2015 年 11 月	4.4	5.2	-35.7	6.9	3.0	-8.8	-4.2	6.5
2015 年 12 月	3.7	4.9	-38.6	6.6	2.8	-9.0	-4.3	6.5
2016 年 2 月	4.3	2.4	-50.0	5.3	1.4	-3.8	-4.1	6.0
2016 年 3 月	4.0	4.1	-27.8	5.7	3.6	-0.2	-3.4	7.6
2016 年 4 月	3.9	1.9	3.8	5.8	4.0	0.9	-3.1	8.1

续表

	非金属矿采选业				非金属矿物制品业			
	收入	利润	出口交货值	工业增加值	收入	利润	出口交货值	工业增加值
2016 年 5 月	5.4	4.6	11.1	5.8	4.7	4.1	-3.2	8.1
2016 年 6 月	5.4	4.8	19.0	5.3	4.6	5.8	-0.1	7.8
2016 年 7 月	5.0	3.5	10.0	5.3	4.6	7.8	-0.6	7.6
2016 年 8 月	4.8	2.0	13.7	5.2	4.6	9.1	-1.0	7.2
2016 年 9 月	3.5	-0.5	11.5	4.9	4.5	9.3	-1.8	6.9
2016 年 10 月	2.4	-1.6	14.8	4.5	4.6	9.8	-3.3	6.8
2016 年 11 月	1.8	-4.1	31.5	4.3	5.1	11.3	-3.8	6.7

数据来源：国家统计局网站。

2. 装备工业

机械行业增长分化。2016 年 1—11 月，铁路、船舶、航空航天和其他运输设备制造业，金属制品业，金属制品、机械和设备修理业工业，电气机械及器材制造业增加值同比增长 3.8%、8.5%、7.0% 和 8.6%，增速比 2016 年上半年分别减少 0.6、0.2、7.2 和 0.3 个百分点；通用设备制造业、专用设备制造业、仪器仪表制造业工业增加值同比分别增长 5.7%、6.5 和 9.0%，增速较 2016 年上半年分别增加 1.2、1.6 和 1.6 个百分点。

经济效益回落。因部分企业产品升级、智能化产品快速发展，电气机械及器材制造业和仪器仪表制造业效益表现突出，仪器仪表制造业效益加速上升，而电气机械及器材制造业效益呈现放缓回落的态势。

2016 年 1—11 月，电气机械及器材制造业收入和利润累计增速分别为 6.3% 和 12.0%，增速比 2016 年上半年分别减少 1.3 和 5.9 个百分点；仪器仪表制造业收入和利润同比增长 8.4% 和 11.1%，比 2016 年上半年分别增加 1.9 和 4.5 个百分点，比 2015 年全年分别增加了 2.6 和 5.0 个百分点。1—11 月，通用设备制造业，专用设备制造业，铁路、船舶、航空航天和其他运输设备制造业，金属制品业，金属制品、机械和设备修理业利润同比分别增长 1.0%、4.8%、2.1%、6.1% 和 −19.3%，增速比 2016 年上半年分别下降 0、0.3、3.5、2.5 和 26.7 个百分点。

机械行业出口形势不容乐观。2016 年 1—11 月，通用设备制造业，铁路、船舶、航空航天和其他运输设备制造业，金属制品业出口交货值同比增速处于负增长；通用设备制造业，铁路、船舶、航空航天和其他运输设备制造业，金属制品业出口交货值同比分别下降 2.0%、4.68% 和 3.0%。专用设备制造业，仪器仪表制造业，电气机械及器材制造业，金属制品、机械和设备修理业出口交货值同比增速分别为 2.4%、2.9%、2.4% 和 8.7%，并且金属制品、机械和设备修理业出口交货值增速呈现减缓态势，由 4 月的 20.4% 降至 11 月的 8.7%。

表6   机械行业主要指标累计增速   单位:%

	通用设备制造业				专用设备制造业			
	收入	利润	出口交货值	工业增加值	收入	利润	出口交货值	工业增加值
2015 年 2 月	3.9	4.2	6.3	4.8	4.5	-1.1	1.1	3.1
2015 年 3 月	3.5	2.2	2.1	3.9	2.9	-1.7	4.6	1.8
2015 年 4 月	1.7	-1.1	0.3	3.6	2.3	-0.9	4.2	2.0
2015 年 5 月	1.3	-1.2	-0.7	3.4	2.3	-2.2	3.8	2.2
2015 年 6 月	1.5	-0.1	-1.6	3.5	2.8	-3.4	2.4	2.7
2015 年 7 月	1.4	1.2	-3.3	3.6	3.1	-2.6	0.5	3.0
2015 年 8 月	1.5	0.6	-3.6	3.6	3.5	-3.0	-1.4	3.3
2015 年 9 月	1.3	0.7	-4.3	3.4	3.3	-5.0	-2.7	3.4
2015 年 10 月	0.9	0.3	-4.7	3.2	3.4	-3.4	-2.7	3.5
2015 年 11 月	0.8	-0.7	-5.3	3.1	3.3	-4.0	-3.0	3.4
2015 年 12 月	0.3	-0.6	-4.9	2.9	2.9	-3.4	-3.0	3.4
2016 年 2 月	1.3	-1.1	-8.8	3.9	4.9	12.8	3.8	3.5
2016 年 3 月	1.8	1.3	-6.6	4.8	5.8	8.4	1.8	3.8
2016 年 4 月	1.7	0.7	-5.7	4.5	4.8	2.3	0.9	4.1
2016 年 5 月	2.6	2.0	-6.3	4.4	5.2	2.3	0.7	4.5
2016 年 6 月	2.6	1.0	-4.1	4.5	5.1	6.8	2.7	4.9
2016 年 7 月	2.5	-0.3	-4.1	4.4	5.2	7.1	2.7	5.0
2016 年 8 月	2.6	0.6	-3.4	4.6	5.2	7.5	4.3	5.4
2016 年 9 月	2.2	-0.8	-3.7	4.9	4.7	5.8	3.9	5.7
2016 年 10 月	2.4	0.2	-3.1	5.3	4.6	1.4	3.1	6.0
2016 年 11 月	2.7	1.0	-2.0	5.7	4.8	3.5	2.4	6.5
	铁路、船舶、航空航天和其他运输设备制造业				仪器仪表制造业			
	收入	利润	出口交货值	工业增加值	收入	利润	出口交货值	工业增加值
2015 年 2 月	13.6	31.5	8.5	10.5	9.5	7.5	11.4	7.4
2015 年 3 月	12.5	17.8	11.5	12.6	9.4	8.4	10.5	7.6
2015 年 4 月	11.4	14.2	11.5	11.7	8.3	2.6	8.5	7.3
2015 年 5 月	9.3	9.0	9.5	10.3	7.8	2.8	7.4	6.5

续表

	铁路、船舶、航空航天和 其他运输设备制造业				仪器仪表制造业			
	收入	利润	出口 交货值	工业 增加值	收入	利润	出口 交货值	工业 增加值
2015 年 6 月	7.8	5.4	7.0	9.8	7.9	4.5	6.6	6.6
2015 年 7 月	7.4	2.3	6.3	9.5	7.3	4.7	5.8	6.4
2015 年 8 月	6.7	1.9	6.1	8.9	7.1	5.9	5.2	6.1
2015 年 9 月	6.1	3.6	4.9	8.4	6.9	4.7	4.6	5.9
2015 年 10 月	5.5	3.3	3.9	7.6	6.9	6.4	4.2	5.7
2015 年 11 月	5.5	4.2	3.0	7.1	6.4	4.9	3.8	5.3
2015 年 12 月	5.3	6.1	1.4	6.8	5.8	6.1	3.1	5.4
2016 年 2 月	2.4	2.5	1.8	5.2	4.7	4.9	−3.1	5.4
2016 年 3 月	1.8	0.1	1.2	4.4	6.3	7.7	1.7	6.7
2016 年 4 月	1.0	3.0	−3.4	4.2	5.8	7.2	2.8	6.7
2016 年 5 月	2.4	6.1	−4.6	4.5	7.0	8.4	3.1	7.3
2016 年 6 月	2.9	5.6	−3.6	4.4	6.5	6.6	2.6	7.4
2016 年 7 月	2.3	5.5	−4.8	4.2	6.7	7.0	2.6	7.5
2016 年 8 月	2.1	1.9	−4.9	4.2	7.2	8.4	3.2	8.0
2016 年 9 月	1.7	1.7	−5.0	4.2	7.3	10.1	3.1	8.2
2016 年 10 月	1.0	0.8	−4.3	4.1	7.7	10.2	2.8	8.4
2016 年 11 月	1.0	2.1	−4.8	3.8	8.4	11.1	2.9	9.0
	金属制品业				金属制品、机械和设备修理业			
	收入	利润	出口 交货值	工业 增加值	收入	利润	出口 交货值	工业 增加值
2015 年 2 月	10.8	19.2	8.5	9.7	−2.6	−2.9	24.3	8.2
2015 年 3 月	8.9	12.9	5.6	9.1	−4.1	−0.5	9.7	7.0
2015 年 4 月	7.1	11.4	3.9	8.6	−5.0	10.1	4.4	5.0
2015 年 5 月	6.1	9.8	1.6	8.3	−6.8	5.3	3.3	3.4
2015 年 6 月	6.3	10.4	0.9	8.3	−3.9	15.6	4.7	4.8
2015 年 7 月	6.1	9.9	−0.3	8.2	−1.4	23.0	3.4	6.2
2015 年 8 月	5.8	9.3	−1.7	7.9	1.7	21.0	9.1	7.8
2015 年 9 月	5.4	8.9	−2.4	7.6	12.0	27.1	14.6	8.3
2015 年 10 月	5.1	8.2	−2.7	7.5	14.0	30.6	15.9	8.5

续表

	金属制品业				金属制品、机械和设备修理业			
	收入	利润	出口交货值	工业增加值	收入	利润	出口交货值	工业增加值
2015 年 11 月	4.7	6.5	-2.8	7.5	14.8	29.1	16.9	8.8
2015 年 12 月	4.5	4.7	-2.6	7.4	15.1	37.6	16.1	8.8
2016 年 2 月	2.6	4.4	-9.3	8.2	20.9	29.2	9.1	17.5
2016 年 3 月	3.4	6.2	-7.3	8.3	21.0	30.6	18.2	17.3
2016 年 4 月	3.6	6.8	-6.8	8.6	21.4	19.5	20.4	16.1
2016 年 5 月	4.7	9.5	-5.9	8.6	17.6	21.5	20.2	15.7
2016 年 6 月	4.8	8.6	-5.1	8.7	15.3	7.4	19.8	14.2
2016 年 7 月	4.8	9.1	-4.3	8.8	12.2	3.5	15.6	12.7
2016 年 8 月	5.1	9.6	-3.4	9.0	10.2	3.1	13.4	10.6
2016 年 9 月	4.6	7.6	-3.7	8.8	8.4	5.5	9.7	9.3
2016 年 10 月	4.7	6.9	-3.5	8.7	6.8	-7.0	9.3	8.5
2016 年 11 月	5.0	6.1	-3.0	8.5	3.7	-19.3	8.7	7.0

数据来源:国家统计局网站。

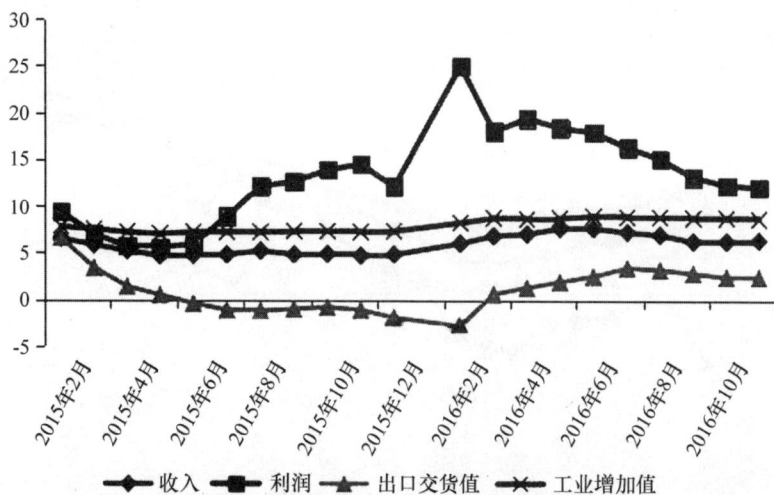

图 11 电气机械及器材制造业主要指标累计增速 (单位:%)

数据来源:国家统计局网站。

汽车制造业持续增长。2016 年 1—11 月，汽车制造业工业增加值同比增长 15.5%，较 2016 年上半年增长 5.0 个百分点，较 2015 年全年增速增长 8.8 个百分点。从趋势上看，汽车制造业工业增加值呈现加速上升的态势。

汽车制造业效益显著改善。2016 年 1—11 月，汽车制造业收入和利润累计同比增长分别为 14.0% 和 12.7%，比 2016 年上半年加快了 3.9 和 6.2 个百分点；比 2015 年全年增速分别提高 9.2 和 11.2 个百分点，回升态势明显。受外围市场回暖等因素的影响，1—11 月，汽车制造业出口交货值同比增长 3.6%，比 2016 年上半年提升了 1.5 个百分点，比 2015 年全年增加了 2.6 个百分点。

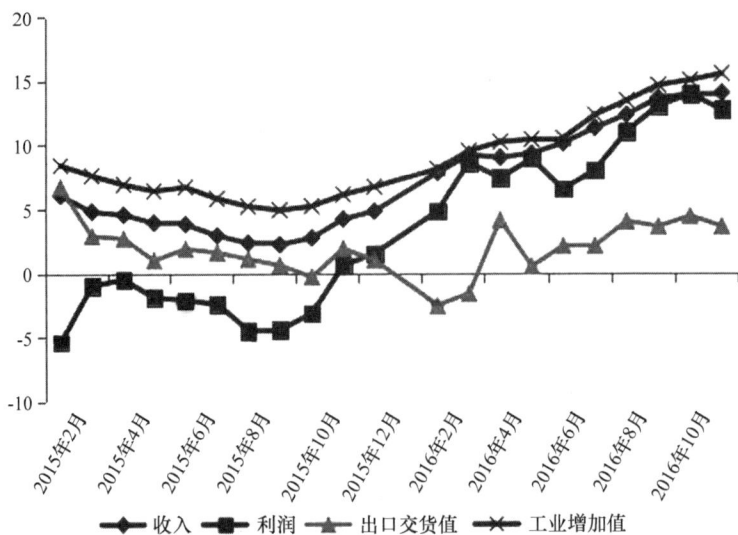

图 12 汽车制造业主要指标累计增速（单位:%）

数据来源：国家统计局网站。

3. 消费品工业

纺织服装行业难改疲软态势。2016 年 1—11 月，纺织业，纺织服装、服饰业，皮革、毛皮、羽毛及其制品和制鞋业工业增加值同比分别增长 5.9%、3.9%、3.4%，较 2016 年上半年分别减少 1.4、1.0 和 0.2 个百分点，较 2015 年全年增速分别减少 1.1、0.5 和 1.5 个百分点。

纺织服装行业效益增速大幅回落。2016 年 1—11 月，纺织业和纺织服装、服饰业利润同比分别增长 4.4% 和 3.6%，较 2016 年上半年分别减少 3.1 和 4.1 个百分点，比 2015 年全年增速分别减少 0.7 和 0.4 个百分点。1—11 月，皮革、毛皮、羽毛及其制品和制鞋业利润同比下降 2.3%，降幅比 2016 年上半年扩大 2.0 个百分点，自 6 月以来皮革、毛皮、羽毛及其制品和制鞋业利润增速持续负增长，盈利能力持续下降。

纺织服装行业出口延续下滑局面。2016 年 1—11 月，纺织业，皮革、毛皮、羽毛及其制品和制鞋业出口交货值同比分别增长 0.9% 和 0.4%，增速较 2016 年上半年分别减少 0.2 和 1.1 个百分点。2016 年 1—11 月纺织服装、服饰业出口延续负增长态势，出口交货值同比下降 1.9%，降幅较 2016 年上半年扩大 1.6 个百分点，较 2015 年全年扩大 1.5 个百分点，降幅呈扩大态势。

表7　　纺织业和纺织服装、服饰业主要指标累计增速　　单位:%

	纺织业				纺织服装、服饰业			
	收入	利润	出口交货值	工业增加值	收入	利润	出口交货值	工业增加值
2015 年 2 月	6.4	8.9	0.2	7.2	8.1	10.4	- 0.5	6.1
2015 年 3 月	5.1	6.8	- 3.1	6.6	8.0	13.2	- 0.1	6.1
2015 年 4 月	5.1	6.6	- 4.2	6.6	7.2	8.2	- 0.3	5.5
2015 年 5 月	5.1	6.3	- 4.0	6.9	6.6	7.9	- 0.9	5.3
2015 年 6 月	5.5	6.1	- 3.6	7.1	6.2	7.3	- 1.1	5.1
2015 年 7 月	5.7	7.0	- 3.3	7.2	6.0	7.1	- 0.9	4.9
2015 年 8 月	5.9	7.5	- 3.2	7.3	6.0	6.3	- 0.8	4.9
2015 年 9 月	5.7	7.8	- 4.1	7.2	5.7	7.3	- 1.0	4.7
2015 年 10 月	5.5	6.8	- 4.5	7.0	5.5	5.6	- 0.8	4.7
2015 年 11 月	5.3	5.9	- 4.4	6.9	5.9	5.0	- 0.6	4.5
2015 年 12 月	5.4	5.1	- 3.9	7.0	5.6	4.0	- 0.4	4.4
2016 年 2 月	5.0	7.0	- 3.1	7.9	6.3	11.5	- 1.0	5.3
2016 年 3 月	5.1	6.7	0.2	7.7	6.7	6.9	- 0.6	5.2
2016 年 4 月	4.3	6.8	-	7.5	6.1	7.1	- 0.2	5.3
2016 年 5 月	4.9	6.9	0.7	7.4	6.3	7.3	- 0.2	5.2
2016 年 6 月	4.5	7.5	1.1	7.3	5.9	7.7	- 0.3	4.9
2016 年 7 月	4.2	6.1	0.1	6.9	6.0	6.5	0.2	4.7
2016 年 8 月	4.1	5.8	0.3	6.6	5.9	6.2	0.2	4.5
2016 年 9 月	3.8	4.2	-	6.2	5.5	2.6	- 0.8	4.2
2016 年 10 月	4.0	4.3	0.5	6.1	5.3	3.8	- 1.8	4.0
2016 年 11 月	4.2	4.4	0.9	5.9	4.9	3.6	- 1.9	3.9

数据来源:国家统计局网站。

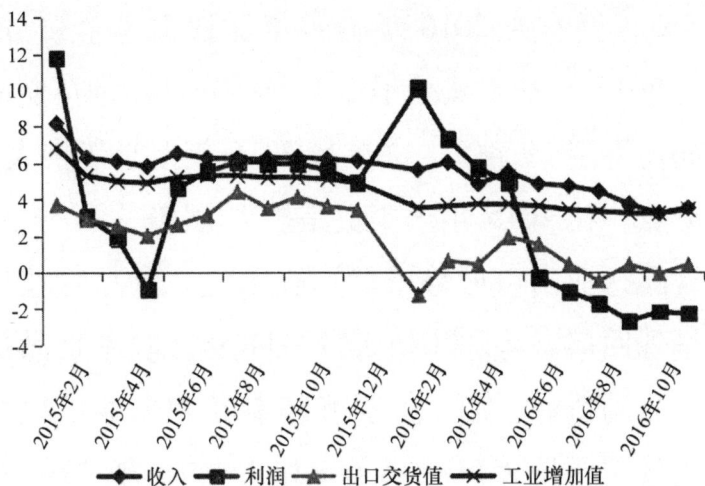

图 13　皮革、毛皮、羽毛及其制品和制鞋业主要指标累计增速（单位:%）

数据来源：国家统计局网站。

食品行业分化。2016 年 1—11 月，农副食品加工业，食品制造业，酒、饮料和精制茶制造业工业增加值同比分别增长 6.1%、8.8%、7.7%，较 2016 年上半年分别上升 0.1、0.1 和 1.4 个百分点；较 2015 年全年增速分别增长 0.6、1.3 和 0 个百分点。2016 年以来，烟草制品业工业增加值增速大幅下滑，但降幅呈现逐月收窄的态势。1—11 月，烟草制品业工业增加值同比下降 10.3%，降幅较 2016 年第一季度、上半年和第三季度分别收窄 3.1、0.6 和 0.5 个百分点。

食品行业经济效益增速回落。2016 年 1—11 月，农副食品加工业和食品制造业利润同比分别增长 6.3% 和 11.7%，增速比 2016 年上半年减少 4.2 和 1.7 个百分点；酒、饮料和精制茶制造业利润同比增长 5.4%，增速比 2016 年上半年加快 1.8 个百分点，但是比 2015 年全年减少了 2.1 个百分点；烟草制品业利润同比下降 19.4%，降幅较 2016 年上半年扩大 1.8 个百分点，比 2015 年全年更是扩大 18.0 个百分点。

食品行业出口形势依然不容乐观。食品行业出口增速呈现回落态势。2016 年 1—11 月，农副食品加工业，食品制造业，酒、饮料和精制茶制造业出口交货值同比分别增长 2.6%、6.6% 和 2.4%，较 2016 年上半年分别减少 2.4、3.6 和 6.8 个百分点，但是较 2015 年全年增速分别提高了 4.4、5.5 和 4.3 个百分点。烟草制品业出口交货值同比增长 2.1%，较 2016 年上半年减少 2.3 个百分点，但是比 2015 年全年增速回落 8.2 个百分点。

表 8　　　　　　　　　食品行业主要指标累计增速　　　　　　单位：%

	农副食品加工业				食品制造业			
	收入	利润	出口交货值	工业增加值	收入	利润	出口交货值	工业增加值
2015 年 2 月	5.2	8.3	-3.5	5.4	8.3	11.6	2.4	7.1
2015 年 3 月	3.9	7.9	-3.0	4.8	7.9	11.6	-1.5	6.4
2015 年 4 月	3.4	9.7	-5.6	4.2	7.3	12.6	-1.4	6.3
2015 年 5 月	3.1	11.5	-4.8	4.4	7.1	12.1	-2.2	6.5
2015 年 6 月	3.7	11.2	-4.3	4.9	7.0	12.8	-3.4	6.8
2015 年 7 月	4.0	10.9	-4.3	5.3	6.6	12.0	-1.1	6.8
2015 年 8 月	4.3	11.7	-3.2	5.5	6.5	11.9	0.5	6.8

续表

	农副食品加工业				食品制造业			
	收入	利润	出口交货值	工业增加值	收入	利润	出口交货值	工业增加值
2015 年 9 月	4.3	12.7	-2.5	5.6	6.5	11.8	0.5	7.1
2015 年 10 月	4.2	12.2	-2.1	5.6	6.5	11.7	0.3	7.2
2015 年 11 月	4.0	10.1	-3.0	5.6	6.2	9.9	1.4	7.4
2015 年 12 月	3.5	6.4	-1.8	5.5	6.3	9.1	1.1	7.5
2016 年 2 月	5.1	14.9	4.2	6.1	8.2	14.8	12.4	9.2
2016 年 3 月	5.1	12.1	3.1	5.6	7.5	17.5	10.4	8.6
2016 年 4 月	4.6	12.2	4.2	6.1	7.3	17.6	10.6	8.8
2016 年 5 月	5.7	11.7	5.0	6.2	7.8	15.1	10.5	8.7
2016 年 6 月	5.6	10.5	5.0	6.0	7.9	13.4	10.2	8.7
2016 年 7 月	5.7	10.2	4.8	5.9	7.8	13.2	8.2	8.9
2016 年 8 月	5.7	9.9	3.9	5.9	7.9	12.8	8.9	9.0
2016 年 9 月	5.5	7.9	4.3	5.9	7.8	12.2	8.2	8.9
2016 年 10 月	5.3	7.2	3.4	6.0	7.9	11.6	7.7	8.9
2016 年 11 月	5.6	6.3	2.6	6.1	7.9	11.7	6.6	8.8

	酒、饮料和精制茶制造业				烟草制品业			
	收入	利润	出口交货值	工业增加值	收入	利润	出口交货值	工业增加值
2015 年 2 月	7.8	6.2	-4.1	9.4	5.4	-0.2	-61.6	0.5
2015 年 3 月	7.0	6.1	0.3	9.5	4.7	-1.1	-21.1	1.1
2015 年 4 月	6.1	13.9	-0.5	9.3	4.7	1.3	2.3	1.5
2015 年 5 月	6.2	13.7	1.5	8.7	5.6	0.0	-7.7	2.5
2015 年 6 月	6.4	12.3	-5.3	8.2	5.5	-0.4	2.9	3.0
2015 年 7 月	6.0	12.4	-5.9	8.0	4.4	-1.4	13.8	2.2
2015 年 8 月	6.2	10.9	-5.6	7.9	2.0	-0.9	18.1	1.3
2015 年 9 月	6.7	10.6	-8.8	8.0	3.2	-1.5	10.0	0.9
2015 年 10 月	7.0	9.9	-9.5	7.8	3.2	-2.1	4.4	1.6
2015 年 11 月	7.0	9.0	0.1	7.7	3.6	-1.0	2.0	2.3
2015 年 12 月	6.4	7.5	-1.9	7.7	5.5	-1.4	10.3	3.4

	酒、饮料和精制茶制造业				烟草制品业			
	收入	利润	出口交货值	工业增加值	收入	利润	出口交货值	工业增加值
2016 年 2 月	7.5	11.8	21.5	7.4	-13.1	-17.0	21.4	-15.6
2016 年 3 月	6.7	12.0	13.4	7.2	-11.1	-17.0	43.3	-13.4
2016 年 4 月	5.5	5.0	9.4	6.3	-9.5	-18.1	29.1	-12.9
2016 年 5 月	5.6	3.0	7.8	6.1	-11.7	-24.0	9.0	-12.0
2016 年 6 月	5.1	3.6	9.2	6.3	-9.4	-17.6	4.4	-10.9
2016 年 7 月	5.4	3.8	12.2	6.4	-9.5	-17.3	-2.3	-10.9
2016 年 8 月	5.5	4.8	12.2	6.8	-9.2	-20.3	-0.4	-10.0
2016 年 9 月	6.0	4.8	10.9	7.1	-9.4	-20.7	-5.1	-10.8
2016 年 10 月	5.5	4.6	14.5	7.4	-8.9	-20.3	-3.4	-10.6
2016 年 11 月	5.9	5.4	2.4	7.7	-8.3	-19.4	2.1	-10.3

数据来源：国家统计局网站。

医药制造业保持高位增长。一般认为，医药制造业是逆经济周期行业，经济越不景气，医药需求越大，而医药制造业增长速度越快。2016 年 1—11 月，医药制造业工业增加值同比增长 10.8%，较 2016 年上半年加快 0.4 个百分点，较 2015 年全年增速增加了 0.9 个百分点。

相对于大部分行业而言，医药制造业效益指标表现积极。2016 年 1—11 月，医药制造业主营业务收入和利润同比分别增长 9.7% 和 15.3%，增速较 2016 年上半年提升了 -0.3 和 1.7 个百分点，增速较 2015 年全年增速分别加快 0.6 和 2.4 个百分点。1—11 月，医药制造业出口交货值同比增长 7.5%，增速较 2016

年上半年减少了1.3个百分点,但是较2015年全年增速加快2.9个百分点。

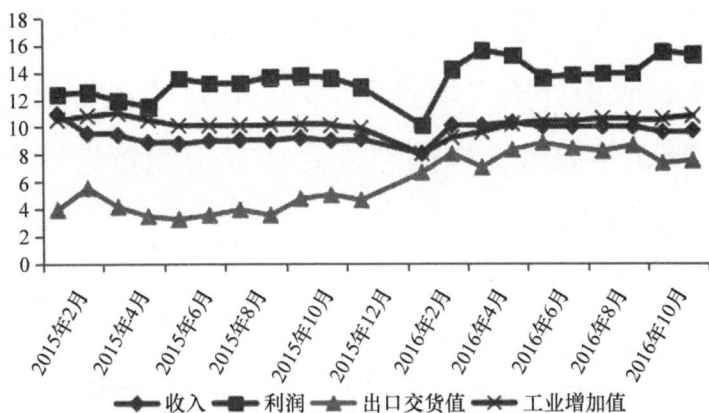

图14　医药制造业主要指标累计增速（单位:%）

数据来源:国家统计局网站。

（三）运行中的突出问题

当前,中国经济形势总的特点是缓中趋稳、稳中向好,经济运行保持在合理区间,质量和效益提高,经济结构继续优化,创新对发展的支撑作用增强。但是中国经济运行仍存在不少突出矛盾和问题,需要特别关注经济运行中的诸多失衡问题。

国内投资与国外投资失衡。2016年1—11月,全国固定资产投资（不含农户）538548亿元,同比名义增长8.3%,增速较2016年上半年减少0.7个百分点,比2015年全年减少1.7个百分点。自2001年以来，我国固定资产投资均保持在两位数以上的增速，而 2016 年固定资产投资首次跌破 10%（见图 15）。2016 年 1—11 月，中国非金融类对外直接投资 1617 亿美元，同比增长 55.3%；11 月单月同比增长 76.5%；吸引外资仅增长 3.9%，逆差超 479 亿美元。而自 2005 年以来，中国对外直接投资流量连续 10 年增长（见图 16）。

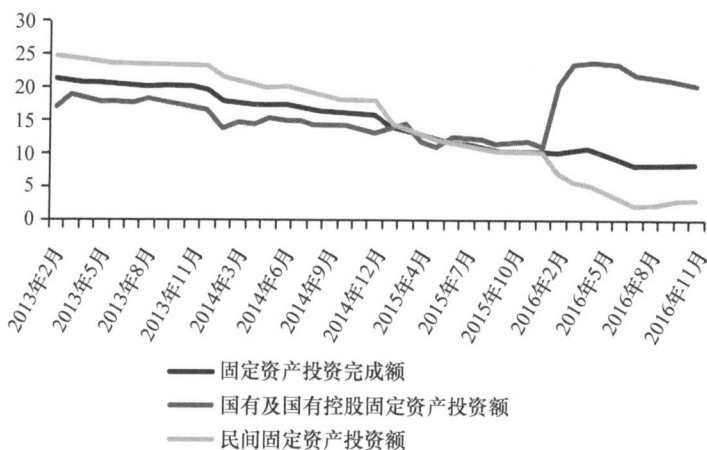

图 15　国有投资与民间投资增速（单位:%）

国有投资与民间投资的失衡。2016 年 1—11 月，国有控股企业固定资产投资同比增长 20.2%，增速比 2015 年全年增加 9.3 个百分点；而民间投资同比仅增长 3.1%，增速比 2015 年全年减少 7.0 个百分点。2016 年，国有控股企业固定资产投资呈现跳跃式增长，由 2015 年 10% 左右的增速一跃至 20% 以上的高位，而民间投资呈现走低的态势。

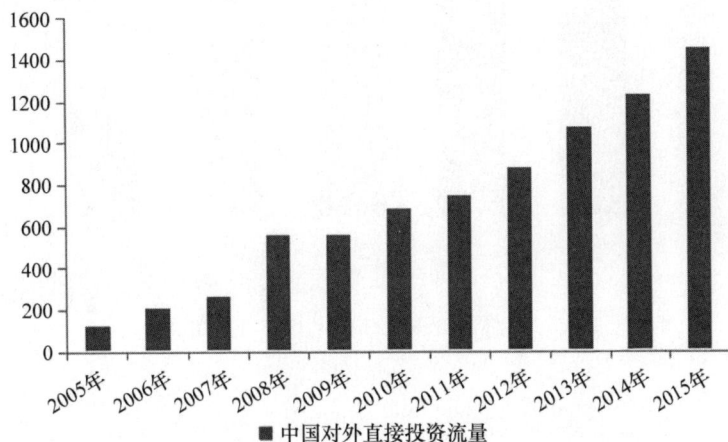

图16 中国对外直接投资流量（单位：亿美元）

　　实体经济与虚拟经济的失衡。以农业，工业，建筑业，批发和零售业，交通运输仓储和邮政业、住宿和餐饮业的生产总值作为实体经济宽口径计算，中国实体经济规模占 GDP 比重从 2011 年的 71.5% 下降到 2015 年的 66.1%，而同期货币供应量（M2）是 GDP 的倍数，从 1.74 倍上升到 2.03 倍。麦肯锡最近一份针对中国 3500 家上市公司和美国 7000 家上市公司的比较研究表明，中国经济产生的利润80%由金融企业拿走，而美国经济产生的利润只有20%归金融企业。2016 年 1—11 月，工业投资 206361 亿元，同比增长 3.4%，其中制造业投资 170152 亿元，增长 3.6%。实体经济与虚拟经济的失衡是中国经济运行的最大风险。

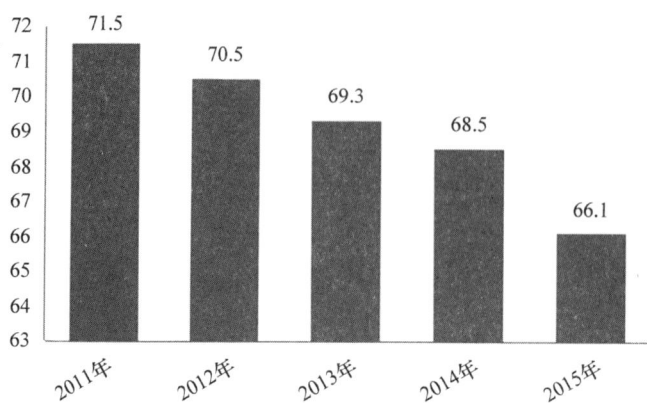

图 17 实体经济规模占 GDP 比重（单位:%）

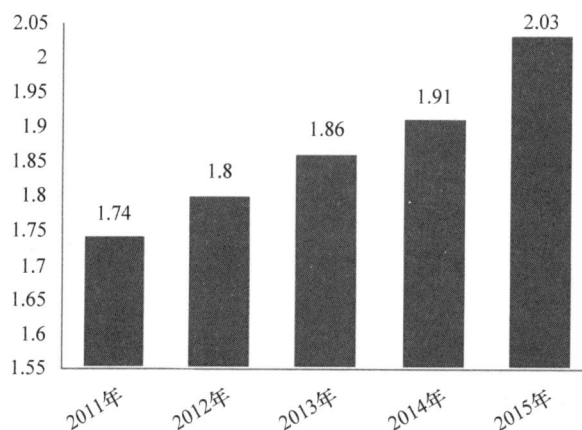

图 18 货币供应量是 GDP 的倍数

此外，"回款难"问题凸显。2016 年 11 月末，规模以上工业企业应收账款同比增长 9.0%，增速比主营业务收入高 4.6 个百分点，应收账款平均回收期为 37.9 天，同比增加 1.4 天。

二 2016 年工业运行景气
分析与 2017 年预测

为了达到直观了解工业经济发展的状况的目的，本报告选用包含工业经济发展状况的可得的原始数据进行合成，进而得到反映工业经济形势的综合指标，即合成指数。根据合成指数显示：与 2015 年的低位徘徊不同，2016 年上半年工业经济增长势头显著，下半年则表现为波动中小幅走弱的态势。2016 年工业经济一致指数景气度较 2015 年有显著提高，但是滞后指数出现较大波动显示这种走高势头微弱。模型预测结果显示，2017 年规模以上工业增加值增速为 6% 的概率很大。

（一）工业经济景气分析

1. 合成指数的形成过程

原始数据的处理。使用合成指数需要对原始数据的"冗余"信息（即与本报告的目的不相关的信息）进行剔除。为了剔除这些"冗余"信息，需要从原始数据中识别这些冗余信息。第一，原始数据有高频数据和低频数据之分，高频数据有日数据、周数据和月度数据之分。本报告最终的标的是月度数据，所以包含的日度信息和周度信息对我们而言就是"冗余"信息，这就需要对数据进行降频处理。第二，原始数据有产量数据和价值量数据之分，价值量受价格变化的影响，导致数据序列内部的不可比性，因此为了精确刻画工业经济发展趋势需要剔除价格变化导致的数据不可比性。第三，移动假日效应的影响。由于传统节日春节按阴历计算，而统计数据按阳历计算，导致不同的年份，春节出现在不同的阳历月份中。春节有着强烈的节假日效应：生产暂停、闲暇增多、消费剧增，所有的经济活动表现异于常态。这样月度数据里面不免多出了"节假日效应"这种"冗余"信息。当数据是增速数据时，以上三种信息是本报告主要处理的"冗余"信息，但当使用量值数据的时候，还需要处理由于年内周期变化形成的季节信息。然而由于季节信息与移动假日信息有重合的部分，所以在处理上一般先剔除影响加大的移动假日信息，然后再进行季节调整。本报告使用降频调整、价格调整和移动假日调整方法来剔除由以上三种原因带来的"冗余"信息。

指标的筛选。筛选指标的目标是选取最能反映工业经济形势走势的原始数据，我们需要三类指标具有工业经济发展状态的一致指数；具有预测一致指数的先行指数，以及本文比较关心的滞后指数。目前为止，有多种筛选指标的方法，如峰谷对齐法、时差相关系数法、K－L信息量法、回归分析等，本报告使用时差相关系数法选取指标。

相关分析是研究不同变量之间密切程度的一种常用的统计方法，是研究两个或两个以上变量之间相关程度大小以及用一定函数来表达现象相互关系的方法。相关关系是两个现象数值变化不完全确定的随机关系，是一种不完全确定的依存关系，简称相关关系。相关关系是相关分析的研究对象。其目的是对客观经济现象之间关系的密切程度和变化规律性做出定量分析。相关关系的密切程度通过计算相关系数来描述变量之间的关联度，即相关系数是描述两个变量间的线性关系程度和方向的统计量，通常用 r 表示，没有单位，其值在 －1 与 ＋1 之间。r 的绝对值越接近 1，两变量间线性相关程度越大。若 r 大于 0 称为正相关，其变量 Y 随着变量 X 的增加而增加；若 r 小于 0 称为负相关，其变量 Y 随着变量 X 的增加而减少。

时差相关系数法以相关系数的原理基础，打破时间限制形成的两个变量相关系数按时间变量排列的序列。这个序列可以显示两个变量不同时间的相关系数大小，借此选择相关系数最大的时差，以此判断该指标是先行指标、一致指标还是滞后指标。

指标的合成。合成指数可以采取不同方法进行编制，有美国商务部的合成指数法、日本经济企划厅引进的合成指数法，以及经济合作与发展组织（OECD）的合成指数法。其中，日本经济企划厅合成指数法的基本思想与美国商务部是一致的，方法上略有不同，而OECD合成指数法是专门针对先行合成指数研制的，更注重先行指数的作用，相比于前两种方法更简单。此处介绍国际上通用的美国商务部合成指数法。中国开发景气指数的文献，基本都是用的这一合成方法。

第一步：求指标的对称变化率并将其标准化。

（1）设指标 Y_{ijt} 为第 i 个指标组中的第 j 个指标在 t 时刻的值，$i=1$，2，3分别代表先行、一致、滞后指标组，$j=1$，2，3，…，k_i，代表组内指标，k_i 为第 i 个指标组的指标个数。首先对 Y_{ijt} 求对称变化率 C_{ijt}，$t=2$，3，…，n。

（2）为了防止变动幅度大的指标对合成指数造成重大影响，各指标的对称变化率 C_{ijt} 都被标准化，使其平均绝对值等于1。首先求标准化因子 A_{ij}，用 A_{ij} 将

C_{ijt}标准化，得到标准化变化率 S_{ijt}，t = 2，3，…，n。

第二步：求各指标组的标准化平均变化率。

（1）求出先行、一致、滞后指标组的平均变化率 $R_{i,t}$，i = 1，2，3；t = 2，3，…，n。

其中 W_{ij} 是第 i 个指标组的第 j 个指标的权重。合成指数中权重的设定一般使用等权重。可以使用评分系统确定权重，按照经济意义、统计充分性、与历史的一致性、公布的适时性等多方面为各个指标打分，然后为每个指标赋权重，如果不是按照这一步骤，权重就具有较大的随意性和主观性，还不如用等权。为了使 3 个指标组的合成指数之间的数值一致，还需用各指标组的平均变化率除以指数组间的标准化因子，计算得到各指标组的标准化平均变化率。

（2）计算指数组间的标准化因子 F_i，i = 1，2，3。

（3）计算标准化平均变化率 $V_{i,t}$，t = 2，3，…，n。

第三步：计算合成指数。

（1）令 I_i（1）= 100，则 i = 1，2，3；t = 2，3，…，n。

（2）制成以基准年份为 100 的合成指数，其中 I_i 是 $I_{i,t}$ 在基准年份的平均值。

通过上述方法对先行、一致、滞后 3 个指标组中的指标分别进行加总合成计算出先行、一致、滞后合成指数。

运用合成指数进行经济景气分析时，可以通过动态曲线图，合成指数综合了各指标的波动状态，可以预示经济波动的转折。

2. 2016 年 1—11 月份景气指数分析

先行指数和一致指数显示，2016 年 1—11 月景气度呈低位缓慢下降的态势。受到 2015 年年底景气度影响，2016 年 1—2 月先行指数景气度落入负值区间，但呈不断回调态势，2016 年 3 月，先行指数景气度恢复到零以上，2016 年 4 月，先行指数景气度上升至 0.2，达到年内最高，之后的几个月，先行指数则呈现波动中走低的态势，2016 年 11 月先行指数景气度再度跌至 -0.02。一致指数则呈现上半年波动、下半年走高的趋势。图 19 中一致指数景气度一度提高到 1 月的 0.42，远远高于 2015 年 0.1 的景气度，随后景气度一度回落至零附近，4 月以来景气度恢复增长态势，特别是 8 月以来，一致指数景气度维持在 0.37—0.41 之间，总体而言，2016 年一致指数景气度高于 2015 年同期水平。不过滞后指数（主要包含出口信息和价格信息）则显示这种增长蕴含着风险，2016 年除 3 月和 6 月外，滞后指数景气度一直徘徊在零以下，波动程度也偏大，预示着未来一段时间工业经济增长不确定性增加。

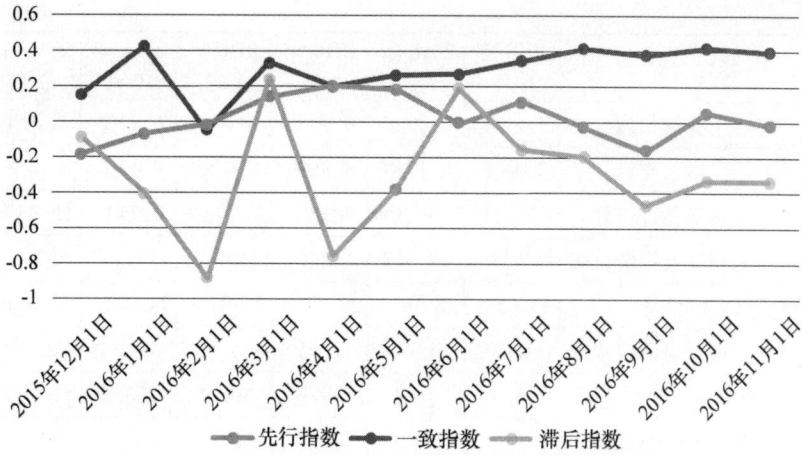

图 19　IIE 景气指数合成指数

表 9　　　　　　　　景气指标月度同比增速变动情况

指标名称		2016 年 6 月	2016 年 7 月	2016 年 8 月	2016 年 9 月	2016 年 10 月	2016 年 11 月
先行指标	焦炭产量	0.42%	−0.69%	4.77%	6.97%	7.43%	5.74%
	铝材产量	11.60%	7.65%	9.18%	9.56%	9.04%	7.81%
	乙烯产量	−2.80%	0.07%	−8.15%	−14.65%	−6.62%	−0.41%
	生铁产量	1.19%	0.83%	4.48%	4.82%	4.35%	6.63%
	粗钢产量	0.75%	1.47%	2.44%	3.10%	3.61%	4.70%
	固定资产投资本年新开工项目个数	23.03%	11.61%	32.18%	26.37%	20.86%	19.87%
	固定资产投资本年施工项目计划总投资额	−18.57%	27.68%	9.53%	13.04%	6.85%	8.15%
	商品房销售面积	14.58%	18.73%	19.77%	34.01%	26.39%	7.92%
	商品房本年施工面积	−10.88%	−4.54%	−4.43%	−34.51%	5.64%	−12.63%
	上证综指	−31.51%	−18.68%	−3.76%	−1.57%	−8.34%	−5.67%
	深证成指	−26.84%	−16.52%	1.98%	5.80%	−7.29%	−8.52%
	货币供应量 M2	9.70%	8.27%	9.93%	9.43%	9.35%	8.88%
	美国制造业 PMI*	53.2	53.5	49.4	51.5	51.9	53.2
	欧元区制造业 PMI*	52.8	52	51.7	52.6	53.5	53.7

续表

指标名称		2016年6月	2016年7月	2016年8月	2016年9月	2016年10月	2016年11月
一致指标	工业增加值	6.20%	6.00%	6.30%	6.10%	6.10%	6.20%
	发电量产量	3.44%	8.17%	8.96%	8.03%	9.47%	8.02%
	一般贸易进口额	−7.81%	−9.14%	4.32%	−2.25%	0.25%	10.83%
	房地产开发投资总额	1.53%	−0.37%	4.82%	5.79%	11.11%	3.36%
	M1−M0	25.63%	26.80%	27.11%	25.91%	24.40%	22.60%
滞后指标	一般贸易出口额	−4.64%	−3.74%	−1.93%	−14.13%	−10.37%	−2.73%
	工业品出厂价格指数*	97.4	98.3	99.2	100.1	103.3	105.5
	居民消费价格指数*	101.9	101.8	101.3	101.9	102.1	102.3

注：①有*标记的指标为原值，其他均为经过价格调整后的当月同比增速；②对于缺乏1、2月当期数据的指标主要采取了增速推算、工作日推算等方法进行插值。

（二）工业增速趋势预测

为了将工业增长的长期趋势因素与周期（和不规则）因素进行分离，获得对不可观测的潜在因素的估计，对于单一时间序列的原始数据，或运用滑动平均方法，或运用频域估计方法，其中滤波方法有其独特的优点，即简单直观，并很容易实施，也可以避免生产函数法所带来的经济转型时期生产函数是否稳定的问题及多变量结构化分解法所带来的中国通常形式的菲利普斯曲线是否存在的问题。因此本部分对工业增速趋势预测便采用 HP 和 BP 滤波方法。

1. HP 滤波分离工业增长趋势成分和波动成分

HP 滤波消除趋势法可以将经济运行看作潜在增

长和短期波动的某种组合，运用计量技术将实际产出序列分解为趋势成分和周期成分，其中趋势成分便是潜在产出，周期成分为产出缺口或波动。对于工业运行增速来讲，其时间序列 y_t 由工业运行趋势部分 g_t 和工业运行波动部分 c_t 构成，即

$$y_t = g_t + c_t \qquad t = 1, \cdots, T \tag{1}$$

Hodrick 和 Prescott（1980，1997）[①] 利用对数的数据移动平均方法原理，设计了 HP 滤波器。该滤波器可以从时间序列 y_t 中得到一个平滑的序列 g_t，即趋势部分，且 g_t 是下述问题的解，即

$$Min\{ \sum_{t=1}^{T} (y_t - g_t)^2 + \lambda \sum_{t=1}^{T} [(g_t - g_{t-1})(g_t - g_{t-2})]\} \tag{2}$$

其中 $\sum_{t=1}^{T} (y_t - g_t)^2$ 是波动部分，$\sum_{t=1}^{T} [(g_t - g_{t-1})(g_t - g_{t-2})]$ 是趋势部分，λ 是平滑参数，用于调节两部分的比重，其值为正。平滑参数 λ 的选取是 IIP 滤波法最重要的问题。不同的平滑参数值即为不同的滤波器，并由此决定了不同的波动方式和平滑度，根据 Hodrick 和 Prescott（1980，1997），在处理

---

① Hodrick, R., and Prescott, E. C.（1980，1997），"Postwan U. S. Business Cycles: An Empirical Investigation", *Journal of Money, Credit, and Banking*, 29（1）: 1–16.

年度数据时，其取值为 100，当处理季度数据时，其取值为 1600，在处理月度数据时，其取值为 14400；根据 Ravn 和 Uhlig（2002）[1]，平滑参数值应该是观测数据频率的 4 次方，即年度数据应取 6.25，季度数据应取 1600，月度数据应取 129600。本文使用的数据是 2004 年 2 月到 2016 年 9 月的工业增加值增长率，数据来源于国家统计局网站和 wind 终端，需要说明的是，国家统计局网站所缺失的每年 1 月工业增加值增长率数据，本报告利用点处线性插值法进行补充。选取以上两种滤波器，即 λ = 14400 和 λ = 129600 。

在对数据进行季节性调整之后，应用平滑参数 λ =14400 和 λ = 129600 两种 HP 滤波器（以下简称滤波器 1 和滤波器 2）对我国工业增加值增长率的自然对数进行滤波，得到其中的趋势成分和波动成分，如图 20 所示。

由图 20 可以看出，两个滤波器所得到的趋势序列和波动序列并无显著差异，且两趋势序列无差异和两波动序列无差异都通过了 95% 置信水平的 t 检验。从趋势序列的走势可以直观地看出，2008 年以来，中国工业运行的潜在增长率的下降趋势明显。

---

① Ravn, M., and Uhlig, H, (2002), "On Adjusting the HP Filter for the Frequency of Observations", *Review of Economics and Statistics*, 84 (3): 71 – 75.

Hodrick-Prescott Filter (lambda=129600)

Hodrick-Prescott Filter (lambda=14400)

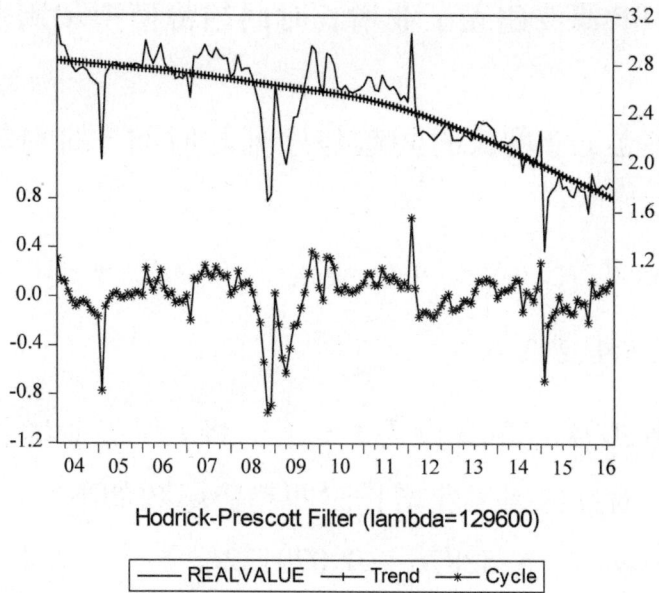

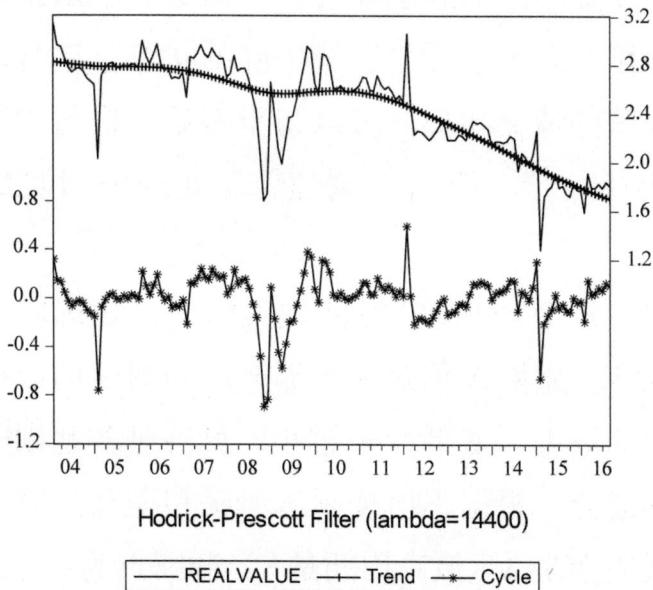

图 20　不同滤波器下的滤波结果

图片来源：Eviews 6.0 输出结果。

2. BP 滤波建立工业增长时间趋势模型和周期波动模型

建立工业增长时间趋势序列与时间 t 的趋势多项式函数如下：

$$sp\hat{e}ed = a_0 + a_1t + a_2t^2 + a_3t^3 + \cdots + a_nt^n$$

$$n = 1,2,3\cdots \tag{3}$$

将 2004 年 2 月设为 $t = 1$，将 t 与工业增长率带入以上函数得到工业增长时间趋势函数如下：

$$sp\hat{e}ed = 18.52876 - 0.079132t \tag{4}$$

工业增长率在时间上存在一种惯性，时间的一阶分量对工业增速的影响显著，可以认为中国工业运行的潜在增长趋势几近于直线下降的状态，这与现实数据所反映的情况相似。可以初步判断，目前中国工业经济仍然处于"下行"通道，工业经济回暖的压力巨大。

决定近似理想 BP 滤波优劣的关键是选取合适的截断点 N。如果 N 值过大，那么序列两端的数据就会有大量的缺失，如果 N 值过小，就会过多地剔除本应保留的成分。根据不出现频谱泄露和摆动的原则，选择最低周期是 3，最高周期是 8，截断点为 3。结合中国工业运行增速可以得到频率响应函数图如下图 21 所示：

Fixed Length Symmetric (Baxter-King) Filter

Frequency Response Function

cycles/period

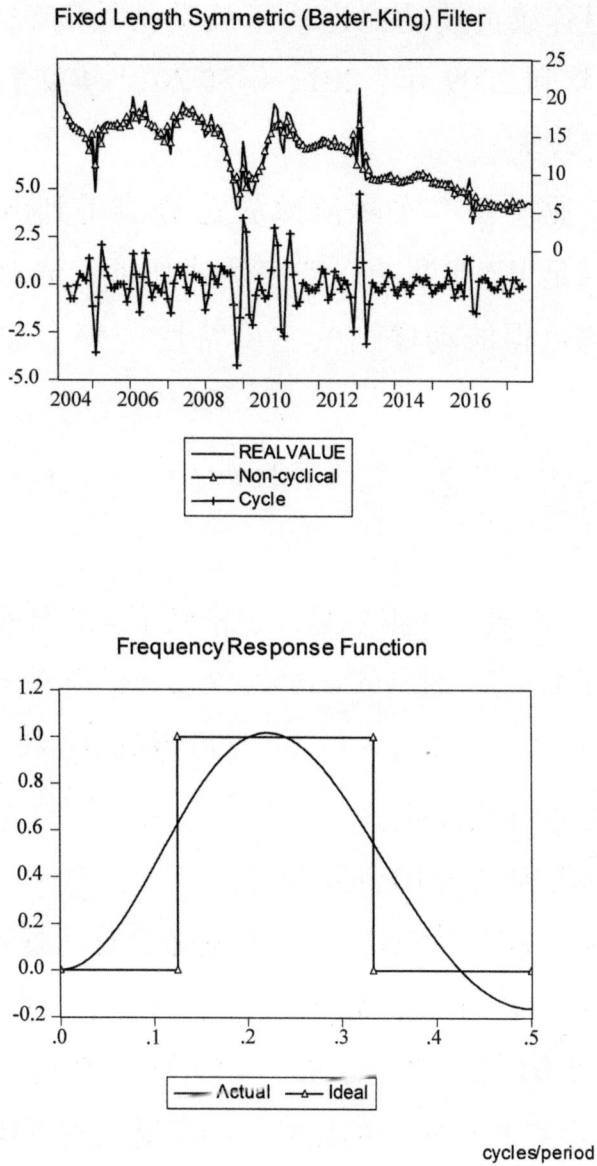

图21　BP 滤波的频率响应函数

图片来源：Eviews 6.0 输出结果。

一次完整的周期波动可以从一个波峰到另一个波峰。可以看出，中国工业经济增长率存在明显的周期波动，且连续负波动比连续正波动持续的时间要长，在 2008 年和 2009 年、2011 年和 2012 年交替年阶段波动幅度较大。

用工业增长率实际值减去趋势值得到波动序列值，其满足 BP 滤波的一般表达式如下，通过此表达式的求解可得波动序列的主要特性（每个频率的波谱）。

$$X_t = A_0 + 2 \sum_m \left[A_m \cos(2\pi mt/N) + B_m \sin(2\pi mt/N) \right] \tag{5}$$

其中，N 表示样本容量，频率被定义为样本容量的倒数，当 $N = 2n$ 时，m = 1, 2, ⋯, n，当 $N = 2n - 1$ 时，m = 1, 2, ⋯, n − 1。由此可得到 A_m 和 B_m 的具体计算式并将频谱定义为 $N(A_m^2 + B_m^2)$。结合 Matlab 软件运算得到如表 10 所示结果。

功率谱较高值所对应的频率是确定波动成分主要周期分量的重要标志，表 10 的结果显示，在周期为 152.00、38.00、25.33、13.82、7.60 及 5.07 时，波动序列的谱密度有相对较大的振幅，功率谱出现了比较明显的高峰值。因此，可以认为波动成分是由这 6 个周期分量叠加而成的，根据波动序列所呈现出来的正弦和余弦形式，我们采用傅立叶函数来对波动序列进行拟合，并由所得到的主要周期分量，将函数形式设定为：

表10　　　　　　　　　　　　功率谱计算表

频率	周期	功率谱	频率	周期	功率谱	频率	周期	功率谱
1/152	152.0	92.94401	27/152	5.63	0.00002	53/152	2.87	4.36269
2/152	76.00	3.68180	28/152	5.43	7.45443	54/152	2.81	0.88966
3/152	50.67	11.75841	29/152	5.24	7.60265	55/152	2.76	0.94197
4/152	38.00	81.45002	30/152	5.07	25.63523	56/152	2.71	0.08913
5/152	30.40	2.30419	31/152	4.90	0.08025	57/152	2.67	12.74061
6/152	25.33	76.05561	32/152	4.75	2.88006	58/152	2.62	0.20047
7/152	21.71	7.89033	33/152	4.61	1.05621	59/152	2.58	1.75655
8/152	19.00	1.84894	34/152	4.47	8.79346	60/152	2.53	0.25656
9/152	16.89	0.54685	35/152	4.34	0.41756	61/152	2.49	1.58929
10/152	15.20	1.63891	36/152	4.22	0.67618	62/152	2.45	3.18323
11/152	13.82	15.56677	37/152	4.11	0.01155	63/152	2.41	0.10222
12/152	12.67	0.24417	38/152	4.00	0.00356	64/152	2.38	0.49199
13/152	11.69	2.40902	39/152	3.90	0.36900	65/152	2.34	4.90688
14/152	10.86	0.56400	49/152	3.80	1.39183	66/152	2.30	0.09415
15/152	10.13	0.08638	41/152	3.71	1.55645	67/152	2.27	0.12434
16/152	9.50	0.02673	42/152	3.62	0.19429	68/152	2.24	0.00074
17/152	8.94	9.44620	43/152	3.53	1.45148	69/152	2.20	0.37987
18/152	8.44	0.43950	44/152	3.45	0.44807	70/152	2.17	3.88755
19/152	8.00	0.09463	45/152	3.38	0.00557	71/152	2.14	2.82550
20/152	7.60	16.25992	46/152	3.30	2.33873	72/152	2.11	0.01648
21/152	7.24	9.79706	47/152	3.23	0.06912	73/152	2.08	1.91897
22/152	6.91	7.65066	48/152	3.17	0.00780	74/152	2.05	0.00422
23/152	6.61	1.77066	49/152	3.10	2.37607	75/152	2.03	0.22128
24/152	6.33	5.50079	50/152	3.04	0.41385	76/152	2.00	0.84495
25/152	6.08	0.34679	51/152	2.98	0.02708			
26/152	5.85	2.65463	52/152	2.92	2.88333			

数据来源：利用 Matlab 软件计算而得。

$$c_t = c + \sum_{i=1}^{6} a_i \cos\left(\frac{2\pi}{T_i}t\right) + \sum_{i=1}^{6} b_i \sin\left(\frac{2\pi}{T_i}t\right) \qquad (6)$$

其中 T_i 是所选择出来的 6 个周期分量。我们利用 Matlab 软件的 cftool 工具箱对原波动序列进行 Fourier 函数拟合，得到各系数为（95% 置信水平下）：

$$\begin{cases} c = 0.2337 \\ a_{(1,6)} = (-0.5533, -1.13, 1.525, -0.4618, \\ \qquad 0.8987, -0.3785) \\ b_{(1,6)} = (-0.7334, 0.1411, -0.715, 0.1754, \\ \qquad -1.285, 0.8836) \\ w = 0.04963 \end{cases} \qquad (7)$$

拟合出的函数趋势图如下所示：

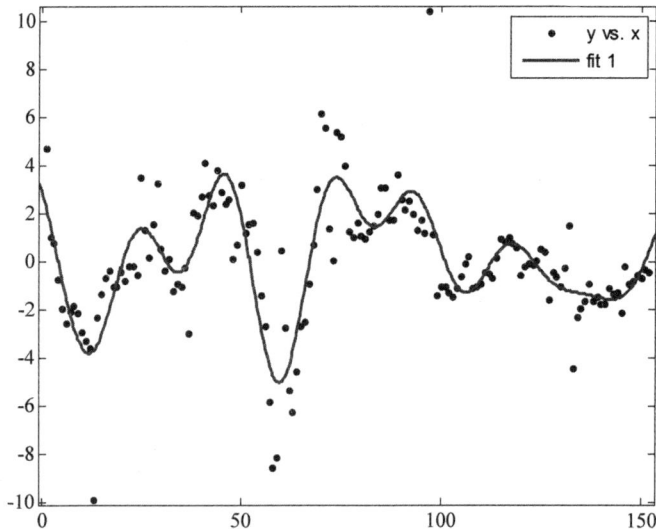

图 22   波动序列的拟合函数

图片来源：Matlab cftool 工具栏输出结果。

将图 21 与图 22 中 cycle 曲线相对比，可以看出，拟合函数与波动序列的变动趋势基本一致，模型的相关系数 $R^2 = 0.6158$，且拟合函数所对应的数值通过显著性检验，说明 BP 滤波的 Fourier 模型适用于该波动序列的拟合预测。

3. 中国工业运行趋势

结合以上时间趋势模型和周期波动模型，来预测中国 2017 年的工业运行同比增速（见表 11）。

表 11　　　　　　　　工业同比增速预测值　　　　　　单位:%

时间	趋势增速预测值	周期波动预测值	工业同比增速预测值
2016 年 10 月	6.421564	0.894313856	7.315877856
2016 年 11 月	6.342432	0.830104326	7.172536326
2016 年 12 月	6.2633	0.688397659	6.951697659
2017 年 1 月	6.184168	0.489800745	6.673968745
2017 年 2 月	6.105036	0.260654002	6.365690002
2017 年 3 月	6.025904	0.030976097	6.056880097
2017 年 4 月	5.946772	−0.167999932	5.778772068
2017 年 5 月	5.86764	−0.306507888	5.561132112
2017 年 6 月	5.788508	−0.358929604	5.429578396
2017 年 7 月	5.709376	0.306250447	6.015626447
2017 年 8 月	5.630244	−0.138073909	5.492170091
2017 年 9 月	5.551112	0.145990817	5.697102817
2017 年 10 月	5.47198	0.535708777	6.007688777
2017 年 11 月	5.392848	1.010448355	6.403296355
2017 年 12 月	5.313716	1.540273789	6.853989789

数据来源：根据所建模型测算。

　　上表的预测结果显示，从趋势项来看，2017 年各月规模以上工业增加值增速仍呈下降趋势，但下降的速度会逐步放缓；从波动项来看，持续波动是规模以上工业增加值增速的一种常态，但在 2017 年的大部分月份中增速都呈现出正的波动状态。另外，我国工业增长周期波动存在着明显的非对称性特征，即扩张阶段与紧缩阶段的持续时间的长度与强度上有较大差距。而从总体来看，2017 年各月规模以上工业增加值增速仍会存在着波动态势，但在很大程度上会延续2016 年"缓中趋稳、有限复苏"的特征，2017 年全面规模以上工业增加值增速为 6% 的概率较大。但需要说明的是，工业经济增长是一个极其复杂的过程，预测模型以时间序列本身为研究基础，细化时间序列的特征和属性，建立趋势增速和经济周期对时间的反应函数，但对于未来政策实施情况、政策变迁及各种未知的生产约束等并未加以考虑，这些因素都会在很大程度上影响 2017 年工业增速的波动，进而影响2017 年中国工业经济发展的最终速度。因此，未来对在工业经济周期波动过程中出现的问题要足够重视，并采取适当的宏观调控措施，减少这种波动的振幅，延长其上升期，使工业经济在趋稳的状态下缓慢回升。

三 中国工业运行政策建议

基于当前中国经济运行主要问题的根源是重大结构性失衡的判断，中央经济工作会议提出，必须从供给侧、结构性改革入手努力实现供求关系新的动态均衡，而供给侧结构性改革，最终目的是满足需求，主攻方向是提高供给质量，也就是要减少无效供给、扩大有效供给，着力提升整个供给体系质量，提高供给结构对需求结构的适应性。而实体经济是供给体系的主体内容，实体经济供给质量的提高，无疑是供给侧结构性改革的重中之重。

（一）充分认识提高实体经济供给质量的重要性

质量，是一个日常被广泛使用的词汇，在物理学中是指物体所具有的一种物理属性，是物质的量的量度。在社会经济中更广泛地被认为是事物、工作、产品的满足需要的优劣程度。供给质量改善表现为整个供给体系运行效率的提高。由于发展阶段的变化，长期以来中国依靠供给要素数量增加促进经济增长、提高效率的发展方式已经不可持续，现在更多地需要通过创新改善供给要素和供给体系的质量，提高全要素生产率。质量本身就意味着一组特性满足需求的程度，提高供给体系质量实质就意味着满足需求的程度的提高。供给体系可以由产品（包括服务、工程等各种形式）、员工、企业和产业四个方面组成，那么提高供给体系质量就是提高产品（包括服务、工程质量等）满足消费者需求的特性、提高员工适应环境变化的素质、提高企业适应市场竞争的能力、提高适应消费升级的产业转型升级能力四个方面的内涵。这意味着提高供给体系质量的任务不仅包括微观质量管理所要求的提高产品质量，还包括人力资源管理学关注的员工素质和能力提升，以及企业管理学要关注的整个企业竞争力提高，甚至包括产业经济学所研究的产业自身转型升级，以及产业结构的高级化和产业组织的合理化。

在经过了快速的工业化进程，进入到"十二五"时期后，中国逐步进入工业化后期，呈现出速度趋缓、结构趋优、动力转换的经济新常态的特征。按照人均国民收入看，中国已经进入了中等收入阶段。中国经济能否保持中高速增长从而跨越"中等收入陷阱"成为中国经济发展的最大挑战。在这个阶段后发国家之所以容易陷入经济长期低迷的"中等收入陷阱",关键是随着工业化的推进和城市化进程的加快,人口结构变化和收入水平提高,由城市化带来的消费升级明显,需要通过创新实现供给质量提升,但创新往往十分困难,最终导致供给结构无法适应消费结构的升级需要,出现一些重大的结构性失衡,供求不能够实现新的动态均衡,从而决定了经济不能够持续性增长。在当前,这些结构性失衡主要表现在实体经济供应体系质量不高,影响实体经济供求失衡,实体经济效率逐步降低;大量资本开始"脱实入虚",或者进入房地产市场炒作,或者在资本市场自我循环,追求在虚拟经济中自我循环,进一步形成资产泡沫,随着泡沫的愈来愈大,离实体经济越来越远,最终形成实体经济与虚拟经济的结构失衡。以农业,工业,建筑业,批发和零售业,交通运输仓储和邮政业、住宿和餐饮业的生产总值作为实体经济宽口径计算,中国实体经济规模占 GDP 比重从 2011 年 71.5% 下降到 2015 年的 66.1%,而同期货币供应量(M2)是 GDP 的倍数,从 1.74 倍上升到 2.03 倍。麦肯锡最近一份针对中国 3500 家上市公司和美国 7000 家上市公司的比较研究表明,中国经济产生的利润 80% 由金融企业拿走,而美国经济产生的利润只有 20% 归金融企业。

这种"脱实入虚"的失衡趋势如果得不到有效控制,资产泡沫会越来越大,最终可能会导致金融危机,经济步入"中等收入陷阱"而停滞不前。问题的关键在于以制造业为主体的实体经济的转型升级,或者说是实体经济供给质量的提升。没有实体经济供给质量的提升,低端的产品供给过剩,高端产品供给不足,由人口结构变化、城市化进程主导的消费结构转型升级所形成的需求就无法得到满足,在改革开放经济下,大量的消费力量转向国外,这又进一步导致实体经济萎缩,工业比重下降,制造业外迁,于是无论是制造业还是服务业,效率都难以提升,出现了经济结构服务化趋势明显,但效率反而降低的"逆库兹涅兹化"问题。"中等收入陷阱"问题本质上是一个效率问题,制造业和服务业形不成一个互相促进转型升级进而提高效率的良性机制,最终进入"中等收入陷阱"。

(二)多措并举,提高实体经济供给质量

第一,从产品层面完善供给体系质量,重塑"工匠精神",扎实提高产品质量。

在传统意义上,"工匠精神"一般用于描述传统手工艺匠人所传承的慢工细活、钻研技艺、认真专注、一丝不苟、精益求精的工作态度和职业精神。随着第一次和第二次产业革命的演进,传统手工艺匠人

逐步被现代产业工人所取代，大规模流水线生产成为主导的技术经济范式，"慢工细活"的这种传统手工匠人理念与追求高效率和规模经济的现代化大生产显得有些格格不入了。现代意义的"工匠精神"，更多地扬弃传统手工业工匠的"慢工细活"的具体操作性内涵，主要抽象为现代产业工人对工作所秉持的认真专注、精益求精的敬业精神。

从古代的鲁班和庖丁，到新中国成立后的"八级工"，中国一直就不缺少对"工匠精神"的推崇。1956 年制定并逐步完善的企业八级技术等级制度，得到当时企业工人和全社会的普遍认可，"八级工"成为工人终生奋斗的职业生涯目标。但是，近些年来，在追求跨越式赶超经济发展背景下，中国发展成为一个制造业大国的同时，传承和发扬"工匠精神"的环境建设和制度基础逐渐被忽视，在一定程度上导致了制造业大而不强的格局。一方面，从制造业自身发展看，在低成本赶超型战略驱动下，中国一直以来重视生产规模而忽视产品质量，对能够保障产品高质量的生产制造动态能力关注和培育不够。同时，许多制造企业错误地信奉所谓的"微笑曲线"，对营销技巧的重视远远高于对制造环节生产工艺改善和质量提升的重视，制造环节的价值被大大低估，制造环节的精益求精的"工匠精神"所带来的高附加值没有被认识到；另一方面，从制造业发展环境看，随着中国工业化进程进入中后期，在产业结构对标赶超战略指导下，急于提高服务业比例，中国经济呈现出过早"去工业化"迹象，政策、资金、人才等各种资源"脱实向虚"问题日趋严重。例如，在大学生的择业观念中，金融业是多数人的职业首选。即使进入到制造业，多数人也要先选择一般行政管理和营销工作，做技术工人成为不得已的选择。

当前中国已经成为一个制造大国，但还不是一个制造强国。中国亟待抓住新一轮科技和产业革命机遇、推进制造业发展战略从数量扩张向质量提升转型，而精益求精的"工匠精神"正是高质量"中国制造"文化基础。在精益求精的精神驱动下，现代产业工人会锲而不舍追求技能的提升，从而促进工艺创新、产品创新和质量完善。而且，新一轮科技和产业革命更加强调满足个性化、高品质消费，这更加需要弘扬"工匠精神"。因此，倡导和重塑"工匠精神"对于推进中国制造业由大向强转变具有重要意义。当今世界的制造强国，无一不是高度重视"工匠精神"的。德国和日本的制造强国地位和其产业工人"工匠精神"密不可分，即使是美国这样的国家，其创新源泉也根植于认真专注、精益求精的"工匠精神"，"工匠精神"也被认为是"缔造伟大传奇的重要力量"。

在当前制造强国建设的背景下，提倡现代产业工人要具有"工匠精神"，还隐含着另外一层重要内涵，那就是呼吁赋予现代产业工人具有更高的社会地位和价值。具有"工匠精神"的产业工人不再是现代大生产系统的一个"螺丝钉"，而是在整个制造过程中具有主导力量的"工匠"，是具有"匠心"的"工业艺术品大师"，现代产业工人是一项值得自豪和崇尚的职业。一种精神或者文化的培育，往往都要经历社会文化环境与经济法律制度相互作用的复杂漫长的过程。"工匠精神"的培育，仅宣传教育是不够的，直接学习移植日本、德国的"工匠文化"也是难以实现的，需要社会文化环境改造与理性激励制度完善的协同作用。这要求围绕产业工人的技能提升培训、钻研精神奖励、创新导向激励、职业社会保障等各方面建立完善相应的激励制度体系。当务之急要解决的是"精英型"的技术工程人才培养问题，要通过深化高等教育体制改革填补中国职业教育不能满足制造强国建设要求这一缺口。

第二，从企业层面完善供给体系质量，处置"僵尸企业"、降低实体企业成本和深化国有企业改革，完善企业创新发展环境，不断提高实体企业的素质和竞争力。

首先，处置"僵尸企业"。"僵尸企业"的情况千差万别，切忌采取"一刀切"的处置办法，而应全面分析企业经营困难程度、成因和未来发展潜力，以此为基础抓住重点、分类化解、精准施策，协调推进。一是全面评估。对具有资产负债率高企、无法准时偿还银行到期利息、纳税额明显减少、用电量明显降低、拖欠职工工资等特征的企业进行重点排查，委托专业机构对"僵尸企业"的资产负债状况和发展潜力进行评估。二是要精准处置。根据"僵尸企业"情况的差异，清理退出一批、兼并重组一批、改造提升一批。对落后、绝对产能过剩产业和衰退产业中长期亏损和停产的企业要加快清理退出，对主要由于管理水平落后、暂时性的产能过剩而出现亏损但企业技术装备水平较高、产业发展前景长期看好的企业重在兼并重组或者改造提升。三是要协调配套推进。具体包括创新金融手段和工具，推进金融体系改革与处置"僵尸企业"相结合，通过市场化的多种融资手段支持"僵尸企业"在市场出清；完善社会政策，社会政策与"僵尸企业"破产政策相协调；健全法律制度，更多地依靠法律手段推进"僵尸企业"的破产、兼并、重组相协调；转变产业政策，纠正不恰当的财政补贴等市场扭曲行为，实现从选择性产业政策向对所有企业一视同仁的功能性产业政策转变；深化国有企业改革，积极引进民营资本开展混合所有制改革，推动民营企业对"僵尸企业"中的优质资产进行兼并重组。

其次，降低实体企业成本。实体经济是一国经济之本，制造企业是实体经济的主体。当前，中国经济步入工业化后期并呈现出明显服务化趋势，2013年中国服务业占比超越工业成为第一大产业，2015年第三产业占比超过50%，经济"去实体化"的内在结构演进风险在不断加大。更重要的问题是，由于体制机制原因，金融业和房地产业的畸形发展严重抑制了制造业的正常健康发展。当前制造业对于经济发展的意义已主要不在于通过提高在整个经济中占比而吸纳就业和提高经济增长率，以及制造业对于提高国家创新能力的决定性作用。制造业不仅是技术创新的主要来源，而且还是技术创新的使用者和传播者。但是，由于大量的资源流入到房地产业，制造业的创新活动受到了很大抑制。再加上中国制造业面临发达国家的高端挤压和新兴经济体低端挤出的国际竞争格局。在这种背景下，制造企业面临的国内外环境越来越严峻，生存发展的压力越来越大，制造企业发展的制约因素逐步增多。在众多制约制造业健康发展的因素中，成本快速上涨是近年来影响制造企业发展的一个最为突出的问题。研究表明，除了小时人工成本低于主要发达工业国外，养老保险费用、土地成本、能源成本、税收成本、融资成本、物流成本都相对高于主要发达工业国，而平均工资也已经超过了大多数东南亚国家。这也表明中国通过推进供给侧结构性改革降低制造企业成本的空间还很大。因此，政府一方面要进一步简政放权，降低制度性交易成本；另一方面要围绕降低实体养老保险、税费负担、财务成本、能源成本、物流成本等各个方面进行一系列的改革，出台切实有效的政策措施，营造有利环境，鼓励和引导企业创新行为。

最后，深化国有企业改革。党的十八届三中全会对新时期全面深化国有企业改革进行了战略部署，明确了新时期全面深化国有企业改革的重大任务。但是，在实践层面的实质推进还只是在局部地区或领域起步，国资国企改革总体进度相对较缓，改革系统性、针对性、时效性不够强，国有企业改革的目标和改革阻力克服路径还有待进一步明确，试点进展还不均衡，改革动力还有待进一步培育，社会感知的改革效果还不显著，国有企业改革与供给侧结构性改革、财政金融体制改革等方面改革的联动性有待进一步增强。

实质推进国有企业改革要以国有企业功能分类为基本前提。党的十八届三中全会开始了新时期全面深化国有企业改革的新阶段，是以国企功能分类为前提的，可以概括为"分类改革"阶段。根据中央关于国有企业改革指导意见，国有企业可以分为公益类、主业处于充分竞争行业和领域的商业类，以及主业处于关系国家安全、国民经济命脉的重要行业和关键领域、主要承担重大专项任务的商业类国有企业。不同类型的国有企业，将会有不同的国资监管机制，混合所有股权结构中的国有持股比例要求不同，企业治理机制也有差异。由于现有的国有企业没有明确其具体定位，大多是三类业务混合，因此需要推进国有资本战略性调整来实现企业功能定位和分类。实质推进国有企业改革，必须首先对每家国有企业进行功能定位和类型确定，并向社会公布，这是当前国有企业改革的当务之急。

实质推进国有企业改革要坚持整体协同推进的基本原则。新时期深化国有企业改革是一项复杂的系统工程，实质推进过程中一定要注意各项改革任务和政策措施的协同性。无论是国有企业功能定位和国有经济战略性重组，还是推进混合所有制改革和建立以管资本为主的国有资本管理体制，以及进一步完善现代企业制度，这些改革任务都不是割裂的，在具体推进过程中需要注意其系统性、整体性和协同性。推进国有企业改革的整体协同原则，要求"十三五"时期要根据经济"新常态"的要求对国有经济布局有一个整体规划。在国资委开展的国有企业改革试点的过程中，各项试点也不应该是对一个企业单向推进，而应该将试点企业作为一个综合改革试点。

实质性地推进国有企业改革要努力在两个领域实现突破。这两个领域分别是煤炭、钢铁等产能过剩行业的国有企业改革，以及石油、电信、电力、民航、钢铁等具有自然垄断性行业的国有企业改革。这两个领域的国有企业改革对营造公平的竞争环境、支持"新常态"下我国经济发展具有重大意义。第一个领域改革涉及化解产能过剩、处置"僵尸企业"和国有经济在这些行业的逐步退出等难点和重点问题，这些问题也是供给侧结构性改革的关键任务，能否成功推进，在很大程度上决定了国有经济布局的优化和整体经济结构的转型升级，具有全局战略意义。第二个领域的行业大多是基础性行业，对整体经济效率影响巨大，其改革能否成功推进，对市场经济公平竞争环境的形成以及下游产业的成本降低等具有决定性的作用。因此，在这两个领域取得突破是工业供给侧结构性改革十分重要的内容。

第三，从产业层面提高实体经济体系供给质量，化解产能过剩和积极推进《中国制造2025》，实现产业转型升级。

把握"新常态"下产能过剩的新特征，进一步完善市场机制，主要利用市场手段积极推进工业的"去产能"。对于步入工业化后期的中国工业，化解在工业化中期所积累的庞大的工业产能，无疑是供给侧结构性改革的重大任务。产能过剩不是中国经济中的一个新问题，多年来政府已经多次推进化解产能过剩问题。在供给侧结构性改革背景下，必须清楚地认识到关于产能过剩的以下两个方面问题：一是当前的产能过剩具有长期性和绝对性的新特征，因为本次产能过剩所涉及的主要行业及许多产品，其需求峰值已经或即将到来，未来需求增长空间已极为有限，很难再出现新的需求高峰而将过剩产能消化掉。因此，现在的产能过剩会是长期的和绝对的，必须有充足的思想准备和战略准备。二是化解产能必须主要依靠市场机制对过剩产能实现市场出清，这是工业供给侧结构性改革任务的重中之重。2016 年中央经济工作会议专门提出了五方面的要求来加大推进"去产能"的力度，包括加强宏观调控与市场监管，更注重利用市场机制、采用经济手段、法治手段来化解产能过剩，加大政策力度积极引导过剩产能主动地退出，营造良好的市场条件与氛围，要以煤炭、钢铁等行业为重点突破口，从中可以看出要强调发挥市场机制的"去产能"。

积极推进《中国制造 2025》与"互联网＋"战略，大力发展新经济，加快培育工业经济增长新动力。一是完善技术创新生态，提高技术创新能力。制造强国战略的核心是提高制造业的技术创新能力。基于创新生态系统理论，一个国家技术创新能力的提升，不仅需要研发资金和人才投入等要素数量的增加，更重要的是创新要素之间、创新要素与系统和环境之间动态关系优化，即整个创新生态系统的改善。因此，通过供给侧结构性改革，完善制造业创新生态对提升中国制造业创新能力、推进制造强国建设具有重要意义。这具体要求深化科技体制和教育体制改革，修补制造业创新链，提高科技成果转化率；构建制造业创新网络，提高创新生态系统开放协同性；改善中小企业创新的"生态位"，提高中小企业制造创新能力；加强各层次工程技术人员的培养，提高技术工人的创新能力。二是构建科学的政策机制，落实《中国制造2025》和"互联网＋"战略。落实《中国制造2025》和"互联网＋"战略，一定要坚持功能性产业政策主导，避免强选择性产业政策，要强调通过支持建设广义基础设施建设（包括物质性基础设施、社会性基础设施和制度性基础设施）来推动和促进技术创新和人力资本投资，维护公平竞争，降低社会交易成本，创造有效率的市场环境，从而完善技术创新生态系统，进而提升整个产业和国家的创新能力。三是加强制度创新和人力资本培育，加大"云网端"基础设施投资。一方面,要深化教育、科技和行政管理体制改革,围绕产业工人的技能提升培训、钻研精神奖励、创新导向激励、职业社会保障等各方面建立、完善相应的激励制度体系,逐步引导、培育产业工人精益求精的行为习惯,最后形成超越制度的体现为"工匠精神"的行为准则和价值观念;另一方面,加快推进大数据、云技术、超级宽带、能源互联网、智能电网、工业互联网等各种信息基础设施的投资,弥补中国智能基础设施发展的"短板",提升中国顺应新一轮科技和工业革命、培育经济增长新动能的"硬实力"。四是以智能制造为先导积极构建现代产业新体系。智能制造的发展能加快信息技术对传统产业的改造,进一步推动了制造业与服务业的融合,三次产业在融合发展中逐步实现转型升级,促进了具有更高生产率的现代产业体系的形成。为此,要深化体制机制改革,调整产业发展的指导思想,由强调增长导向的规模比例关系向强调效率导向的产业融合和产业质量能力提升的转变。要打破政府主管部门界限,突破只站在本部门的角度思考产业发展的思维定式,鼓励生产要素和资源跨部门流动,以智能制造发展和打造智能制造体系为先导,促进农业向智慧农业转型和向服务业延伸,以服务智慧城市建设和智能制造发展为目标推动服务业尤其是生产性服务业大发展，培育城乡第一、第二、第三产业融合的新业态。另外，由于总体上中国制造业处于机械化、电气化、自动化和信息化并存的阶段，不同地区、不同行业和不同企业的智能化发展水平差异较大，因此要基于中国国情制定智能制造发展新战略。同时，可以借鉴日本"母工厂"的做法培育智能制造新组织。智能制造具有技术集成特性和工程密集特性，需要一批能够明确提出先进制造系统技术条件和工艺需求、具备与先进制造技术相适应的现代生产管理方法和技能的"现代核心工厂"，这个"现代核心工厂"就是智能制造技术在企业组织层面进行应用、互动和持续改善的平台。而这恰恰就是日本的"母工厂"的定位功能。因此，中国需要借鉴日本"母工厂"的做法，培育智能制造的"现代核心工厂"，奠定智能制造体系建设的高效工厂组织基础。

（三）处理好四个方面的关系

振兴实体经济、化解实体经济供给结构失衡必须放在供给侧结构性改革的政策框架下推进。制造业作为实体经济的主体，在坚定不移地降低制造业制度成本、减轻各类政策性负担、减少低端无效产能供给、处置"僵尸企业"的同时，更要着力促进制造业转型升级，推进战略性新兴产业发展和传统制造业技术改造，提高制造业供给质量，培育经济增长新动能，这无疑对于化解实体经济供给结构失衡、振兴实体经济至关重要。

一是正确处理降低成本与提升质量关系，持续提升中国制造产品质量。虽然中国制造业体系十分完整，能生产联合国工业门类中的所有产品，但在低成本工业化战略驱动下，产品档次偏低、标准水平和可靠性不高、缺乏世界知名品牌，2016年世界500强制造业品牌数量仅占2%，中国制造的产品质量和品牌在消费者心目中的地位一直没有得到有效提升。制造业转型升级的终端体现是产品质量和企业品牌的提升，制造强国首先一定是质量强国。中国制造业一定要走出为了降成本而牺牲质量的误区。围绕提升质量，企业必须持续强化全面质量管理，不断进行管理创新和工艺创新，建立精益求精的"工匠精神"文化，而国家必须加强计量、标准、认证认可和检验检测等国家质量技术基础（NQI）建设，其中计量是控制质量的基础，标准是指引质量提升的基础，认证认可是建立质量信任的基础，检验检测是衡量质量的基础。

二是正确处理服务业和制造业关系，生产性服务业发展要有利于提升促进制造业转型升级。近几年中国经济服务化趋势十分明显，工业比重持续下降，但由于服务业"鲍莫尔成本病"以及服务业自身结构转型升级缓慢，服务业的效率远低于制造业，中国存在经济结构升级、效率降低的"逆库兹涅兹化"风险。"中等收入陷阱"问题本质上是一个效率问题，跨越"中等收入陷阱"要求制造业和服务业之间形成一个互相促进转型升级进而提高效率的良性机制。生产性服务业要大力发展，但一定要以促进制造业转型升级、提升制造业效率为目的，资本市场建设要围绕培育战略性新兴产业、利用新技术全面改造传统制造业这个中心，坚决避免虚拟经济过度偏离制造业而形成泡沫经济。

三是正确处理对外开放与自主创新的关系，重视发挥外资对中国制造业转型升级的作用。虽然中国进入更加强调自主创新的发展阶段，但是自主创新与对外开放、消化引进国外先进技术、促进公平市场竞争等政策并不矛盾，何况消化引进再创新本身就是自主创新的一种重要的方式。毋庸置疑，任何一个国家都需要培育自身自主创新能力，努力占领技术制高点，减少技术对外依存度，但是当今的世界，自主创新能力培育的方式不是闭关锁国，而是在扩大开放基础上交流融合创新。当前中国需要进一步营造公平竞争环境，推动新一轮高水平对外开放，充分发挥外资在高端、智能、绿色等先进制造业和工业设计、现代物流等生产性服务业的作用，促进中国制造业沿着高端化、智能化、绿色化、服务化方向转型升级。

四是正确处理产业政策与竞争政策的关系，重视发挥竞争政策对制造业产业组织的优化作用。当前中国进入工业化后期，虽然产业政策在培育战略性新兴产业、激励创新、淘汰落后产能等方面还有重要作用，但我国长期以来习惯采用的强选择性产业政策的不适应性日益突出，而以完善市场竞争秩序、创造有利于技术创新的生态环境为基本导向的竞争政策的意义则更为显著。在这种背景下，2015 年 10 月 12 日《中共中央国务院关于推进价格机制改革的若干意见》明确指出，加强市场价格监管和反垄断执法，逐步确立竞争政策的基础性地位，加快建立竞争政策与产业、投资等政策的协调机制。因此，建立和完善竞争政策的作用机制，促进制造业中小微企业公平参与市场竞争，优化制造业产业组织结构，发挥中小微企业在颠覆式创新中的作用，对制造业转型升级具有重要意义。

参考文献

［1］黄群慧：《中国工业在稳增长与调结构之间寻求平衡》，《上海证券报》2016 年 7 月 21 日。

［2］黄群慧：《实质推进工业供给侧结构性改

革》，《经济日报》2016 年 4 月 28 日。

［3］黄群慧：《国有企业改革步入实质推进期》，《紫光阁》2016 年第 6 期。

［4］黄群慧：《以供给侧结构性改革完善制造业创新生态》，《光明日报》2016 年 4 月 27 日。

［5］黄群慧：《工匠精神的失落与重塑》，《光明日报》2016 年 6 月 29 日。

［6］黄群慧：《以智能制造为先导构建现代产业新体系》，《光明日报》2016 年 6 月 8 日。

［7］国家发改委产业经济与技术经济研究所课题组：《降低我国制造业成本的关键点和难点研究》，《经济纵横》2016 年第 4 期。

［8］蔡昉：《认识中国经济减速的供给侧视角》，《经济学动态》2016 年第 4 期。

［9］蔡昉、都阳：《积极应对我国制造业单位劳动力成本过快上升问题》，《前线》2016 年第 5 期。

［10］龚雯、许志峰、王珂：《七问供给侧结构性改革（权威访谈）——权威人士谈当前经济怎么看怎么干》，《人民日报》2016 年 1 月 4 日。

附录一

实质推进工业供给侧结构性改革[*]

黄群慧

"十三五"时期中国工业发展的关键是实质性推进供给侧结构性改革，逐步形成工业强国建设的有效机制，加快实现工业增长新旧动力转换，再造工业发展的新生态系统。

第一，2015 年工业运行呈现出增速加快下行、结构明显分化的特征，这使得"十三五"时期实质性推进工业供给侧结构性改革更加急迫和必要。

改革开放以来，按照经济波动看，我国的工业增长大体可以划分四个波动周期，分别是 1978 年到 1985 年，1986 年到 1992 年，1993 年到 2007 年，2008

---

[*] 原文载《经济日报》2016 年 4 月 28 日。

年至今。其中 1992 年为改革开放以来最高增速，全部工业增加值增速高达 21.2%，而 2015 年全部工业增加值增速为 5.9%，是自 1992 年以来两个周期长达 23 年中的最低工业增速。2015 年工业这个增速，无论是人口红利角度分析，还是从我国进入工业化后期阶段来判断，都是与潜在增长率下降趋势相吻合的，也与从高速增长"旧常态"转为中高速增长"新常态"趋势相一致的。而且考虑到这个增速是在我国已经是世界第一的制造业大国基础上取得的，在"工业规模巨大，环境约束增强"的背景下，这个增速依然值得自豪。

从工业内部运行看，结构分化特征十分明显。一是门类结构上，2015 年三大门类中的采矿业规模以上工业增加值增长 2.7%，电力、热力、燃气及水生产和供应业增长 1.4%，而制造业规模以上增加值增长 7.0%。其中制造业中的高技术产业增加值比上年增长 10.2%，比规模以上工业快 4.1 个百分点，占规模以上工业比重为 11.8%，比上年提高 1.2 个百分点。二是行业结构上，在 41 个工业大类行业中，一些高技术及其相关行业和一些经济下行时的逆周期性行业（如废弃资源综合利用业），2015 年保持了较高的增速，而一些资源开采、原材料产业下滑十分严重，例如，石油和天然气开采业、煤炭开采和洗选业和黑色金属矿采选业的主营业务收入分别下降 32.6%、14.8% 和 20.7%，利润则分别下降高达 74.5%、65% 和 67.9%。三是在区域结构上，中、西部地区规模以上工业增加值增速分别快于东部地区 0.9 和 1.1 个百分点，西藏、重庆、贵州、天津和江西规模以上工业增加值同比增速都超过了 9.0%，而山西和辽宁省工业增加值出现负增长分别为 -2.8% 和 -4.8%。这种结构分化特征，无疑是一种工业增长结构不断优化、动力正在转换的表现。但是，这种转换的速度和力度还远远不够，一方面，高新技术等新兴产业规模不够，在整个工业中所占比例还不高，在经济下行巨大压力下增速还不够快；另一方面，一些原材料产业产能过剩问题突出，出现了断崖式的下降，这"增少减多"的动力转换格局必然影响了整体工业的增速，这也同样解释了各个省级区域工业增速为什么会差异巨大。

虽然 2015 年这种增速还不能称之为"失速"，仅仅是减速，但在如此大的经济下行压力下，各方面指标显示工业运行风险概率在提高。2015 年制造业采购经理人指数 PMI 一直维持在荣枯线左右，2016 年 2 月 PMI 为 49.0，为 7 年新低，尤其是小型企业则出现大幅下滑；2015 年规模以上工业企业实现出口交货值 118582 亿元，比上年下降 1.8%；2015 年全国规模以上工业企业实现利润总额 63554 亿元，比上年下降 2.3%，这是自 2000 年以来首次出现负增长。伴随着利润下降，企业负债率开始高企。因此，加大创新力度，做大高新技术产业，大力改造传统产业，加速推进工业新旧动力转换，就成为我国工业发展的当务之急。而这正是工业供给侧结构性改革应有之义。随着人口红利快速消失、企业制造成本不断上升、资本边际回报逐步下降，我国工业增长的主要源泉必然是创新。创新活动是一项复杂的系统工程，工业创新能力提升需要整个工业生态系统的变革。工业供给侧结构性改革的基本任务是从供给侧入手，从企业、产业和区域各层面推进，通过深化改革优化工业资源配置机制，提高供给要素质量，再造一个工业发展的新生态系统。这个新工业生态系统与原有的工业生态系统的关键区别是，具有更高的创新能力与全要素生产率，工业增长方式从劳动力和物质要素总量投入驱动主导转向了知识和技能等创新要素驱动主导，适应我国从工业大国向工业强国转变的根本需要。

第二，从企业层面推进工业供给侧结构性改革，"十三五"关键任务是处置"僵尸企业"、降低实体企业成本和深化国有企业改革，完善企业创新发展环境。

一是处置"僵尸企业"。"僵尸企业"是不具有自生能力，主要依靠政府补贴、银行贷款、资本市场融资或借债不断"输血"而勉强维持运营的企业。我国现阶段的"僵尸企业"大多分布在产能过剩的行业，这既包括处于钢铁、水泥、电解铝等产能绝对过剩行业，也包括存在于光伏、风电等产能相对过剩行业。从所有制结构看，"僵尸企业"大多属于社会包袱重、人员下岗分流难度大、容易获得银行贷款的国有企业。"僵尸企业"存在主要是因为我国市场机制不完善、政府过度保护、产业政策选择性过强，使得市场无法快速出清而造成的。这些企业占用大量经济资源却不产生经济效益，极大降低资源使用效率，恶化市场竞争秩序，严重影响经济发展活力，加剧了金融风险，成为我国经济健康发展的关键掣肘。因此，加快处置"僵尸企业"、推进"僵尸企业"重组整合或退出市场，成为我国工业供给侧结构性改革的一项主要内容和近期经济政策的重要着力点。当前，处置"僵尸企业"，政府应在全面评估"僵尸企业"经营困难程度、成因和未来发展潜力的基础上，抓住重点、分类化解、精准施策，协调推进，强调通过市场竞争机制决定"僵尸企业"的破产、重组还是存续以及存续企业转型、改革的方向。

二是降低实体企业成本。实体经济是一国经济之本。当前，我国经济步入工业化后期并呈现出明显经济服务化趋势，2013 年我国服务业占比超越工业成为第一大产业，2015 年第三产业占比超过 50%，经济"去实体化"的内在结构演进风险在不断加大。再加之中国实体企业面临着发达国家的高端挤压和新兴经济体低端挤出的国际环境，实体企业面临着巨大的下行压力。保证实体经济这一根基稳步发展，成为"十三五"时期颇具挑战性的重大任务。因此，政府一方面要进一步简政放权，降低制度性交易成本，另一方面要围绕降低实体企业人工成本、税费负担、财务成本、能源成本、物流成本等各个方面进行一系列的改革，出台切实有效的政策措施，营造有利环境，鼓励和引导企业创新行为。

三是深化国有企业改革。2016 年一定要能够在垄断行业国有企业混合所有制改革、建立以"管资本"为主的国有资产管理体制、国有经济战略性布局调整和完善现代企业治理结构等方面迈出实质性的步伐，为整个"十三五"时期的国有企业改革奠定一个良好的基础，确保到 2020 年在国有企业改革重要领域和关键环节取得决定性成果。深化国有企业改革的意义不仅仅在于国有企业自身的发展，还在于营造一个良好的公平竞争的市场化环境。

第三，从产业层面推进工业供给侧结构性改革，"十三五"关键任务是化解产能过剩和积极推进《中国制造 2025》战略，实现工业经济增长动能转换。

一方面，对于步入工业化后期的中国工业，化解在工业化中期所积累的庞大工业产能，无疑是"十三五"时期的一些重大任务。到 2016 年 2 月，我国工业品价格指数 PPI 已经连续 48 个月负增长，在很大程度上说明此轮工业产能过剩化解任务的艰巨性。"十三五"时期如何综合运用市场机制、经济手段、法治办法和必要的行政手段，对过剩产能实现市场出清，是工业供给侧结构性改革任务的重中之重。当前，尤其是要做好对于钢铁、煤炭、电解铝、建材等行业过剩产能退出工作。另一方面，要积极实施《中国制造 2025》，推进"互联 + 中国制造"，加快培育工业增长新动能。2015 年提出的《中国制造 2025》，其意义不仅仅在于中国制造业有了到 2050 年的发展蓝图，更在于描绘了中国未来整体经济增长"新发动机"，这是中国经济在发展方向和战略布局方面的一个重大突破。

无论是化解过剩产能，还是积极推进《中国制造 2025》与"互联网 +"战略，都要注意把握使用财政货币政策和产业政策的"力度"和"协同度"。一是要坚决避免以加快推进《中国制造 2025》为借口，进一步强化实施选择性产业政策，从而影响良好技术创新生态的建设，最终背离了《中国制造 2025》的初衰；二是要注意政府政策的协同性，尤其是警惕政府在房地产"去库存"过程中，因税收政策调整而刺激房价提升，进一步恶化制造业企业创新发展生态；三是注意产业政策与竞争政策的协同，推进产业政策从政府选择、特惠措施为主的选择性产业政策取向，转向普惠性、促进公平竞争和科技进步的功能性产业政策取向，从而促进竞争政策基础地位的逐步实现。当以"稳增长"为目的的选择性产业政策与以"调结构"为目标的竞争政策发生抵触时，一定要在决策价值观上倾斜于竞争政策。

第四，从区域层面推进工业供给侧结构性改革，"十三五"关键任务是通过实施新区域发展战略优化区域工业资源配置，拓展工业发展空间。

"十三五"期间，我国将深入推进"一带一路"、京津冀协同发展、长江经济带和东北老工业基地振兴等新区域发展战略，一方面，这些战略的实施有赖于工业供给要素的跨区域有效流动，另一方面这些区域战略实施也极大地拓展了工业增长的空间。"一带一路"战略可以促进我国工业产能合作，中国企业在"走出去"的过程中，推动自身产业转型升级，实现工业国际竞争力的提升；京津冀协同发展战略不仅可以创造在基础设施方面的巨大工业投资需求，同时也努力构造研发与制造产业链条京津冀三地跨区域协同的新的工业生态系统；长江经济带战略覆盖全国11个省市，将我国东、中、西三大地带连接起来，有利于优化城市空间布局和工业分工协作，形成东中西互动合作的制造业协调发展带，有望形成若干符合《中国制造2025》战略方向的、世界级的、有竞争力的先进制造业集群；东北老工业基地振兴则旨在到2030年将东北地区打造成为全国重要的经济支撑带，具有国际竞争力的先进装备制造业基地和重大技术装备战略基地，国家新型原材料基地、现代农业生产基地和重要技术创新与研发基地。

最后需要强调的是，供给侧结构性改革的本意在于创新驱动，而企业家角色的核心内涵正是创新。实质推进工业供给侧结构性改革，无论是从企业层面处置"僵尸企业"、降低实体企业成本和深化国有企业改革，还是从产业层面化解产能过剩和实施《中国制造2025》，以及从区域层面推进"一带一路"、京津冀协同发展、长江经济带和东北老工业基地振兴等新区域发展战略，都要高度重视发挥企业家的核心作用，调动企业家的创新积极性。

附录二

从新一轮科技和产业革命看培育供给侧新动能 [*]

黄群慧

当今世界正在步入新一轮科技革命拓展期，颠覆性技术不断涌现，产业化进程加速推进，新的产业组织形态和商业模式层出不穷。伴随着新一轮科技和产业革命不断深化，中国的工业化进程也快速地进入工业化后期，经济增长新旧动能正在转换，经济正走向增长中高速、结构中高端的新常态。科学认识新一轮科技和产业革命的特征和影响，努力把握新一轮科技和产业革命的历史性机遇，通过深化改革加快培育供给侧新动能，对促进我国经济发展和现代化进程具有

* 原文载《人民日报》2016 年 5 月 23 日。

重大意义。

一　新一轮科技和产业革命的基本特征

从历史上看，科技和产业发展的一个重要的表现形式是"革命"。人类历史上曾经发生多次科技和产业革命，学术界大体上有二到三次科学革命、三到六次技术和产业革命等不同分类。1983 年美国经济学家佩蕾丝按照技术经济范式转变将自 1771 年以来的技术和产业革命划分为五次，即早期机械时代、蒸汽机与铁路时代、钢铁和电力时代、石油和汽车时代和信息与通信时代。2008 年国际金融危机以后，在发达国家纷纷推进"再工业化"背景下，越来越多的人认为世界已经在经历第一次工业革命带来的蒸汽时代、第二次工业革命带来的电力时代后，进入到第三次工业革命带来的信息时代。而德国人则从工业化阶段入手将信息时代又细分为基于信息技术的自动化阶段和基于物理信息系统（CPS）的智能化阶段，于是有所谓的从工业1.0 到工业4.0 的四次工业革命的分类。无论如何划分，大家共识的是，20 世纪下半叶以来，世界一直孕育和发展着以信息化和工业化融合为基本特征的新一轮的科技和产业革命。从技术—经济范式角度分析，这一轮的科技和产业革命至少已呈现出以下特征。

　　一是以信息技术突破应用为主导驱动社会生产力革命。20 世纪 90 年代以来，计算机芯片处理技术、数据存贮技术、网络通信技术和分析计算技术获得巨大突破，以计算机、互联网、移动通信和大数据为主要标志的信息技术、信息产品和信息获取处理方法得到指数级增长，并在社会经济中广泛运用和与实体世界深度融合，由此带来诸如电子商务、智能制造、工业互联网等生产生活方式的革命性变革。与此同时，能源技术、材料技术和生物技术等创新也取得程度不同的突破性进展，以信息技术为核心共同构成了新一代高新技术簇，为社会生产力革命性发展奠定了技术基础。

　　二是以信息（数据）为核心投入要素提高社会经济运行效率。人类的社会活动与信息（数据）的产生、采集、传输、分析和利用直接相关，随着信息技术的突破发展，云计算、大数据、互联网、物联网、个人电脑、移动终端、可穿戴设备、传感器及各种形式软件等"云网端"信息基础设施的不断完备，相对于以前信息（数据）与其他要素紧密结合，信息（数据）独立流动性日益增强，不仅逐步成为社会生产活动的独立投入产出要素，而且还可以借助信息物理系统（CPS）等大幅度提升边际效率贡献，成为社会经济运行效率和可持续发展的关键决定因素，信息（数据）被认为将会成为决定未来现代化水平的最稀缺的要素，而"云网端"信息基础设施的重要价值也将更为凸显。

三是以智能制造为先导融合构造现代产业体系。制造业可以为其他领域提供通用技术手段，制造业不仅是技术创新的供给方，也是技术创新的需求方，现代产业体系的创新发展主要驱动力来自制造业发展。伴随着芯片技术的突破发展、互联网设施的发展完善、传感器价廉量大的供给、先进制造技术日臻完善，智能制造产业作为新一轮科技和产业革命的先导迅速发展，进一步支持和带动智慧农业、智慧城市、智能交通、智能电网、智能物流和智能家居等各个领域的智能化发展，满足生产者和消费者的智能化、个性化需求。智能制造依靠数据、软件等核心要素投入、以工业互联网为支撑、以电子商务为平台促进了信息与实体的融合，加快了信息技术对传统产业改造，进一步推动了制造业与服务业的融合，三次产业界限日趋模糊，三次产业在融合发展中逐步实现转型升级，形成具有更高生产率的现代产业体系。

四是以追求范围经济为导向不断创新社会分工形态。以专业化分工为基础的传统分工强调的是规模经济，大规模流水线生产将规模经济发挥到极致。由于数据要素具有更好的资产通用性，以数据为核心要素、"以云网"为基础设施的新一轮科技和产业革命更能发挥范围经济的作用，生产组织和社会分工方式更倾向于社会化、网络化、平台化、扁平化、小微化，大规模定制生产和个性化定制生产将成为主流制造范式，更加适应以消费者为中心的商业模式，企业组织边界日益模糊，基于平台的共享经济和个体创新创业获得巨大的发展空间。

二　新一轮科技和产业革命给我国的机遇与挑战

我国作为发展中大国，新一轮科技和产业革命意味着工业化和信息化的融合，而对发达国家则是再工业化与信息化的融合。新一轮科技和产业革命对于我国工业化进程而言，是一次重大历史性机遇。我国已经步入工业化后期，正处于经济结构转型升级的关键时期，而新一轮科技和产业革命催发了大量的新技术、新产业、新业态和新模式，为我国产业从低端走向中高端奠定了技术经济基础并指明了发展方向，为我国科学制定产业发展战略、加快转型升级、增强发展主动权提供了重要机遇。与以前积贫积弱国情不同，我国综合国力已居世界前列，已经形成了完备的产业体系和庞大的制造基础，成为全球制造业第一大国，具有了抓住这次科技和产业革命历史性机遇的产业基础条件。同时，我国具有规模超大、需求多样的国内市场，也为新一轮科技和产业革命提供了广阔的需求空间。近年来，我国电子商务取得快速发展，增速远远超越其他发达国家，就得益于这样的市场优势。因此，面对新一轮科技和产业革命，我国可以乘势而上，抢抓机遇，推进工业化和信息化的深度融合，实现跨越式发展。

但是，新一轮科技和产业革命对我国也是一次前所未有的严峻挑战。从国际看，新一轮科技和产业革命正在重塑国际产业分工体系和竞争格局，发达工业国积极推进"再工业化"战略，利用其在新一轮科技和产业革命中的先发优势，不断强化其在全球竞争优势和价值链的高端位置，逐步形成对我国劳动力低成本优势替代和产业转型升级高端下压态势，不利于我国经济向全球价值链高端攀升；从国内看，新一轮科技和产业革命加剧了供给侧与需求侧的结构性矛盾，长期以来我国基于低成本数量扩张型工业化战略所积累的生产供给能力已经越来越难以适应消费转型升级的需要，亟待通过创新培育新的供给能力。一方面，新一轮科技和工业革命强调消费者中心，信息化带来的消费革命已经率先发生，我国模仿型、排浪式消费阶段已基本结束，主流消费更注重个性化、安全性、品质、品牌和服务。另一方面，我国经济发展受制于自主创新能力弱，供给能力还不能够满足新一轮科技和产业革命所催生的新技术、新产业、新模式、新业态的发展需要。我国创新能力与发达工业国的差距主要表现在：传统产业中的关键装备、核心零部件和基础软件严重依赖进口和外资企业；新兴技术和产业领域全球竞争的制高点掌控不够，支撑产业升级的技术储备明显不足；创新资源协同运作不畅，技术创新链条在一定程度上存在着断裂脱节问题；企业创新动力不足，中小企业创新能力有待提高，等等。因此，面对新一轮科技和产业革命的挑战，通过供给侧结构性改革提高创新能力、培育新的经济动能就更加急迫和必要。

三　通过深化改革培育供给侧新动能的着力点

在新一轮科技和工业革命的背景下，随着我国人口红利快速消失、企业制造成本不断上升、资本边际回报逐步下降，我国经济增长主要动能只能是技术创新，而供给侧结构性改革的核心在于提高技术创新能力。因此，培育供给侧新动能的关键在于通过深化供给侧结构性改革，提高顺应新一轮科技和工业革命趋势的技术创新能力，加速推动传统产业改造和新兴产业发展。

一是完善技术创新生态，提高技术创新能力。一个国家技术创新能力的提升，不仅需要研发资金和人才投入等要素数量的增加，更重要的是创新要素之间、创新要素与系统、系统与环境之间动态关系优化，即整个创新生态系统的改善。当务之急是深化供给侧结构性改革，打破体制机制约束，顺应新一轮科技和工业革命的趋势，构建新型创新平台，提高创新生态系统开放协同性，形成开放合作的创新网络和形式多样的创新共同体，改善中小企业创新的"生态位"，进一步完善"大众创业、万众创新"的环境。

二是构建科学的政策机制，落实《中国制造2025》和"互联网＋"战略。面对新一轮科技和工业革命，我国已经出台了《中国制造2025》和"互联网＋"战略，规划了中国制造的"五大工程""十大领域"和"互联网＋"的"11项行动计划"，当前应该构建科学的政策机制并积极贯彻落实。在实施中要注意正确处理产业政策和竞争政策的关系，切实把握好产业政策实施力度，既要发挥好产业政策的扶持、引导和推动作用，又要避免落入政府大包大揽、急功近利的强选择性产业政策窠臼。在推进方向上，既要重视智能制造、绿色制造、高端制造等新技术新产业以及各种新商业模式本身的发展，还有重视新技术、新业态和新模式在传统产业上的应用推广。

三是加强制度创新和人力资本培育，加大"云网端"基础设施投资。面对新一轮科技和产业革命日新月异的发展，无论是思想观念，还是人才结构，无论是管理制度，还是基础设施，我国都存在全面不适应的问题。一方面，要深化教育、科技和行政管理体制改革，提倡"工匠精神"，完善人才激励制度，优化人才结构，大力实施知识产权和标准战略，强化无形资产保护，提升我国顺应新一轮科技和工业革命、培育经济增长新动能的"软实力"；另一方面，加快推进大数据、云技术、超级宽带、能源互联网、智能电网、工业互联网等各种信息基础设施的投资，弥补我国智能基础设施发展的"短板"，提升我国顺应新一轮科技和工业革命、培育经济增长新动能的"硬实力"。

附录三

中国工业在稳增长与调结构
之间寻求平衡[*]

黄群慧

在 2015 年工业增速创 23 年最低之后，2016 年上半年工业运行情况备受关注。2016 年上半年工业总体表现为"缓中趋稳、有限复苏"，工业增速下降、工业品价格下降、实体企业利润下降的格局得到一定程度扭转，但工业运行风险概率依然较大，供给侧结构性改革仍任重而道远。中国工业经济仍然艰难地在稳增长与调结构之间寻求平衡。

第一，工业增加值增速缓中趋稳，工业品价格、工业企业利润和工业出口都呈现了一些积极迹象，而

* 原文载《上海证券报》2016 年 7 月 21 日。

在积极迹象背后隐藏着粗放经济增长方式回头的担忧。

2016年上半年工业增速呈现缓中趋稳，规模以上工业企业增加值增速为6.0%，比2015年全年略低0.1个百分点，其中第一季度为5.8%，第二季度增长为6.1%，第二季度比第一季度加快0.3个百分点，从月度数据看，1—2月、3月、4月、5月和6月规模以上工业企业增加值增速分别为5.4%、6.8%、6.0%、6.0%、6.2%，3月以来增速也趋于稳定；工业品出厂价格降幅持续收窄，企业库存压力有所缓解，2016年1—6月工业品出厂价格分别同比下降5.3%、4.9%、4.3%、3.4%、2.8%、2.6%，是连续6个月收窄。5月末，工业企业产成品存货同比下降1.1%，已连续两个月减少；工业企业盈利状况有所改善，1—5月，全国规模以上工业企业实现利润总额23816.4亿元，同比增长6.4%，增速比2015年提升8.7个百分点，但比2016年第一季度回落1.0个百分点；工业出口降幅持续收窄，1—5月，规模以上工业企业实现出口交货值44559亿元，同比下降1.5%，降幅比2015年全年收窄0.3个百分点，比2016年一季度收窄1.5个百分点。5月，工业企业实现出口交货值9653亿元，同比名义增长0.8%，是2015年4月以来增速首次实现正增长。

虽然工业呈现上述有限回暖的积极迹象，但回暖原因除了国际大宗商品价格回调以外，可能要更多地归于近半年来房地产价格、成交面积和投资等指标"疯狂"上升而带动的粗放经济增长方式回头趋势。例如，5月，煤炭开采业、黑色金属冶炼和压延加工业、有色金属冶炼和压延加工业利润同比分别增长2.5倍、1.6倍、32.1%，3月、4月和5月，我国粗钢产量同比分别增加2.9%、0.5%和1.8%，结束了自2014年10月份以来持续负增长态势，4月我国日均粗钢产量创历史新高，5月全国百家中小型钢铁企业中高炉开工率保持在85%以上，钢厂复产给钢铁去产能任务增加了难度。工业政策要在稳增长与调结构、短期与长期中寻求平衡。现在看来，没有一定的需求侧刺激，工业增速会下降过快，经济和社会都可能由于下行压力过大而难以承受，但不是通过推进供给侧结构性改革提高潜在工业增长率而形成的增长则是不可持续的，还可能给未来经济运行埋下更大的风险。

第二，工业行业结构继续呈现高级化趋势，但必须高度注意强选择性产业政策可能引起的战略性新兴产业产能过剩问题。

工业三大门类中，制造业一直保持最高增速，1—5月，制造业增长6.7%，虽然比2015年全年减少

0.3 个百分点,但比 2016 年第一季度加快 0.2 个百分点;采矿业增加值同比增长 0.7%,比 2015 年全年减少 2.0 个百分点,比 2016 年第一季度减少 1.4 个百分点;电力、热力、燃气及水生产和供应业增长 2.3%,比 2015 年全年增加 0.9 个百分点,比 2016 年第一季度回落 0.3 个百分点。尤其是 2016 年上半年战略性新兴产业、高技术产业和装备制造业同比分别增长 11.0%、10.2% 和 8.1%,分别比规模以上工业快 5.0、4.2 和 2.1 个百分点,其中高技术产业和装备制造业占规模以上工业比重分别为 12.1% 和 32.6%,分别比上年同期提高 0.7 和 1.2 个百分点。总体而言,41 个工业行业中技术密集型行业增速相对较快,体现了工业结构高级化趋势,汽车、医药表现抢眼。电子信息、生物医药、智能制造、节能环保、新能源和新材料等相关产品迅猛发展。但是,值得高度注意的是一些新兴产业增速过快,例如受补贴政策和限购挤压需求等因素影响,上半年新能源汽车产量同比增长高达 88.7%。截止到 2015 年,中国的新能源汽车,无论是当年产量,还是累计产量,中国均排名世界第一,2009—2015 年全国累计生产新能源汽车已占到全球 30%。在为新能源汽车迅猛发展欣喜同时,其背后的强选择性产业政策的推手令人担忧,我们必须警惕由此而可能产生的新的产能过剩问题。

第三，中部地区工业领跑，西部地区工业回落较快，东北地区工业总体呈现一些回暖态势但内部分化严重，京津冀工业增长差距扩大速度有减缓迹象。

上半年东部地区规模以上工业增加值同比增长6.4%，增速比2015年同期下滑0.3个百分点；中部地区同比增长7.3%，增速比2015年同期加快0.7个百分点，西部地区增长7.2%，增速比2015年同期回落0.6个百分点。2016年上半年东北地区工业增加值同比下降1.5%，增速降幅比2015年收窄1.5个百分点。2016年5月东北地区规模以上工业增加值同比增长0.2%，是自2015年以来月度数据首次实现正增长。但从东北地区三省各自情况看，其分化严重。吉林省工业增加值稳步提升，3月、4月和5月吉林省工业增加值同比增速分别为5.8%、7.2%和7.4%，连续两个月超过工业平均增速；辽宁省工业大幅负增长态势依旧难改，且波动较大，3月，辽宁省工业增加值同比下降6.1%，4月工业增加值再度下降3.7个百分点至9.8%，5月降幅收窄至7.1%；黑龙江工业有所回升但仍处于低速运行状态，3—5月各月，黑龙江工业增加值同比分别增长0.8%、1.2%和2.1%，呈现不断上升的态势。单从这一点看，东北三省工业振兴应该分省施策，否则，统一的振兴政策会因省情差异效果大打折扣。

京津冀地区 2016 年上半年工业增速走势继续分化。一个变化是天津工业增加值增速呈现走低态势，由年初 9.2% 逐步降至 5 月份的 8.9%；河北和北京工业增加值增速缓慢走高由年初的 4.2% 和 -2.5% 逐步上升，5 月达到 5.0% 和 1.6%。1—5 月，北京、天津和河北工业增加值同比分别增长 1.6%，8.9% 和 5.0%，比 2015 年同期分别相差 -1.1、-0.6 和 0.5 个百分点。由于天津 2015 年工业发展一枝独秀，虽然 2016 年上半年天津工业增速仍远远高于河北和北京，但这种差距呈现收窄的趋势，但这种收窄还不能直接判断为河北与天津初步呈现协同发展度提升的迹象，因为 2016 年上半年河北工业发展改善的重要原因之一应该是受到钢铁业一定程度复苏的影响。

第四，工业尤其是制造业投资增速回落，民间投资意愿大幅下滑，累积债务风险日趋增大，未来工业运行仍不能乐观。

工业投资明显放缓，上半年第二产业固定资产投资 101702 亿元，同比增长 4.4%，增速比一季度回落 2.3 个百分点，尤其是制造业固定资产投资同比增长 3.3%，增速比一季度回落 3.1 个百分点。在当前新一轮科技和产业革命大背景下，我国正在大力推进《中国制造 2025》、实施制造强国战略，制造业投资增速大幅回落，其影响不仅是工业转型升级，更为重要的是会影响到未来经济增长新动能培育和新经济的发展。新经济的发展的关键不是电子商务，而是制造业和互联网的深度融合，现在应该是制造业沿此方向升级的大好时机，制造业投资增速大幅回落在一定程度上表明这方面推进力度不够。

另外一个重要的问题是民间固定资产投资增速引领了本轮固定资产下滑的态势。2016 年上半年民间投资同比增长 2.8%，增速比全部投资低 6.2 个百分点，占全部投资比重 61.5%，比上年同期下降 3.6 个百分点。长期以来，第二产业中民间固定资产投资增速一直高于全部固定资产投资增速，成为第二产业固定资产投资的主力军。然而，2016 年 3 月始，第二产业民间固定资产投资增速下滑成为固定资产投资增速下滑的主导力量。2016 年值得关注的一个反差现象是，盈利能力强的民营企业不愿意投资，而持续亏损的国有企业在不断地增加投资（1—5 月国有控股工业企业实现利润同比下降 7.3%），这反映政府驱动型经济增长特征和政府投资挤出效应明显。除此之外，与国内投资不振相反，我国对外投资快速增长，1—5 月我国对外投资同比增长了 61.9%。

另外一个不容忽视的是债务风险。2016 年 5 月，规模以上工业企业资产负债率为 56.8%，虽然比 2015 年同期下降 0.5 个百分点，但较 2015 年 12 月提高

0.6 个百分点，杠杆率高达 131%，而国外企业的杠杆率一般维持在 70% 左右。到 5 月末，工业企业应收账款同比增加 8.6%，增速比 1—5 月主营业务收入高出 5.7 个百分点，1—5 月应收账款平均回收期 39.1 天，比上年同期增加了 2.3 天。

第五，考虑到世界经济复苏不及预期，国内内需不振态势短期难以扭转，在宏观政策没有大幅度改变的情况下，2016 年下半年至 2017 年上半年，工业经济维持增速趋缓的可能性很大。

在以供给侧结构性改革为主、适度加强需求管理等一系列政策的大力推进下，2016 年上半年工业经济开局呈现出"缓中趋稳、有限复苏"的总体特征，"四降一升"的格局有了积极变化，但仍要谨慎看待这种变化。在国际形势并不乐观（6 月世界银行已经将 2016 年全球经济增长预期从 1 月的 2.9% 大幅下调至 2.4%）和英国"脱欧"等不确定性加大的背景下，以及我国国内工业行业固定资产投资和工业投资回报率下滑等国内趋势性因素的影响下，2016 年下半年和 2017 年上半年我国工业趋缓压力依然巨大。基于中国社会科学院工业经济研究所工业经济形势分析课题组的模型预测，2016 年 12 月规模以上工业增加值增速降至 5.5%、2017 年 6 月规模以上工业增加值增速降至 5.0% 的概率很大。

在这种情况下，更需要我们在宏观调控方面努力把握稳增长和调结构的平衡，一方面要着力推进供给侧结构性改革，实质推进构建十八届三中全会提出的发挥市场配置资源的决定性作用的体制机制，破除制度性障碍，为工业经济的健康发展奠定基础；另一方面稳定增长，深化"区间调控"的理念，采取有效措施来事先应对各种风险和挑战，但要避免宏观政策的大起大落，保持宏观政策的相对稳定性和连续性。